思考と運動（上）

ベルクソン
宇波　彰訳

第三文明社　レグルス文庫233

まえがき

この論集に収められた論文のうち、最初の二篇は本書のために新しく書いたものであり、したがって初めて公表されるものである。この二つの論文が、本書の三分の一を占める。そのほかの論文や講演は、フランスもしくは外国で発表されたものであるが、大半が入手できない。それらは、一九〇三年から一九二三年までに公けにされたものである。それらの論文・講演は、私が哲学者に対して求めるべきだと思っている方法を中心のテーマにしている。この方法の起源にさかのぼり、研究に対してその方法が刻む方向を規定することが、特に序論を構成する二つの論文の目的である。

一九一九年に『精神のエネルギー』という書名で刊行された著作に、私は自分の仕事の成果にかかわる「論文と講演」を収めた。今度の論集に収めた「論文と講演」は、私の研究の仕事にかかわるものであり、『精神のエネルギー』の続篇になるであろう。

オクスフォード大学クラレンドン・プレスの編集委員会は、私が一九一一年にオクスフォード大学で行なった二つの講演を本書に収めることを認められたが、いずれの講演も、同委員会のかたがたが入念にまとめられたものである。厚くお礼を申し上げたい。

H・ベルクソン

思考と運動（上）　目次

〈下巻目次〉

思考と運動（上）

I　序論（第一部）

真理の増大、真なるものの後退運動

哲学の明確さについて――哲学の体系――哲学の体系はなぜ時間の問題を無視してきたか――認識は、持続についての考察で考え直すとどうなるか――真の判断の遡及効果――過去のなかでの現在の蜃気楼――歴史と歴史的な説明について――回想の論理

哲学に最も欠けているのは明確さである。哲学の体系は、われわれが生きている現実に合わせて作られてはいない。哲学の体系は現実に対しては大きすぎる。哲学の体系のなかから、任意に選んだものを検討してみよう。そうするとそれが、植物も動物もいなくて、人間しかいない世界にも、充分に通用するものであることがわかるだろう。それは、人間が飲むことも食べることもしない世界、眠ることも夢をみることも、おしゃべりもしない世界、生まれるとすぐに年老いて

しまい、最後には乳児になるような世界、エネルギーが散逸の方向を逆にたどる世界、すべてが反対の方向に進み、倒立している世界である。すなわち、ひとつの本当の哲学体系とは、非常に抽象的で、そのためにきわめて広い範囲に及ぶ、さまざまな概念の集合である。それらの概念は、たいへん抽象的で広いものであるために、そこには実在的なものとともに、可能的なもの、そして不可能なものさえ含めることができるだろう。私にとって満足できると判断すべき説明とは、その対象と密着した説明である。説明と対象とのあいだにあいたところがあってはならず、ほかの説明が入り込むような隙間があってもいけない。そのような説明は、その対象にしかあてはまらないものであり、対象の側もその説明だけを受け入れる。それが科学的な説明であろう。そうした説明は絶対に明確であり、それには完全であるかあるいは増大する証拠がある。それと同じことが、哲学の理論についても言えるであろうか。

以前の私には、ひとつの哲学理論だけが例外であるように思えた。そしておそらく、私が若いころその理論を信じ込んでいたのはそのためであった。スペンサーの哲学は、事物の型を取り、事象のディテールに則して構成することを目標にしていた。なるほどスペンサーの哲学は、あいまいな一般性のなかにその支点を探していた。私はスペンサーの『第一原理』の弱点を十分に感じていた。しかし私にとってこの弱点は、スペンサーが充分な準備をしなかったために、力学の《究極観念》を深めることができなかった結果であると思われた。私はスペンサーの仕事のこの部分をふたたび取り上げて、それを完成させ、強固にしようと考えた。私は力の限りその努力をした。その結果として私は、時間という観念に直面した。そこでは思いがけないことが私を待っていた。

実際に私は、進化についてのあらゆる哲学のなかで、最も重要な役割を演じている実在する時間について、いかに数学者たちが考えていないかということにショックを受けた。実在する時間の本質はすぎていくことであるから、時間のどの部分も、別の部分が現前しているときには、まだそこには存在しない。したがって、測定のために時間の部分と部分とを重ね合わせることは不可能であり、想像することもできず、考えられないことである。おそらく、あらゆる測定には月並な規定というひとつの要素が入るのであり、また等しいとされる二つの大きさが直接に重ねられることはめったにない。それにもかかわらず、それらの大きさのいく分かを保持している側面または結果のどれかひとつにとっては、そのように重ねることが可能でなければならない。そこで、そうした結果と側面が測定されることになる。しかし、時間のばあいには、重ねるという考え方に不合理なものが含まれる。というのは、それ自体に重ねられるような、したがって測定できるような持続があるとすると、その結果として、持続しないことがその本質になるからである。私はコレージュの生徒であったときから、持続が運動するものの軌跡によって測定されるものであり、数学的な時間は線であるということを知っていた。しかし私は、この操作が他のあらゆる測定の操作とはまったく異なっていることには、まだ気付いていなかった。というのは、この操作は測定しようとしているものを表わすひとつの側面もしくは結果に対してではなく、それを排除するものに対してなされるからである。われわれが測定する線は不動であるが、時間は動性である。線は作られているが、時間は自らを作るものであり、すべてのものが自らを作るようにするものでさえある。時間の測定が、持続としての持続についてなされることはけっしてない。われわれはただ単にインターヴァルの末端、もしくは瞬間の末端のいくつかの数だけを数えるのであり、要するに時間の潜在的な停止のいくつかの数だけを数えるにすぎない。時間tの終りにひとつのできごとが生ずると仮定するのは、いまからある種の同時性の数tを数えると言っているにすぎない。それらの同時性のあいだには、望まれるあらゆることが起こるであろう。時間は極度に加速し、無限にさえ加速するだろう。それは、数学者・物理学者・天文学者にとっては何の変化ももたらさないだろう。しかし、意識にとっての違いは大きなものになるだろう。（もちろん、私が言いたいのは、脳の内側の運動とはつながっていないような意識のことである。）意識にとっては、同じ待つのでも、今日から明日を待つのと、次の一時間を待つのとでは、疲れは同じではない。この特定の期待、その外的な原因について、科学は説明できない。科学は、流れていく時間、これから流れるであろう時間を扱うときも、その時間をすでに流れ去ったものであるかのように扱う。それはまた当然のことである。科学の役割は予見することである。科学は、物質的世界から、反復し、計算できるもの、したがって持続しないものを取り出して保持する。その結果として科学は常識の方向に向かう。常識は科学の始まりである。一般的に、われわれが時間について語るときは、持続の計測のことを考えているのであって、持続そのものを考えているのではない。しかし、科学が排除し、考えたり表現したりするのが困難なこの持続を、われわれは感じ、また経験している。われわれがこの持続がどういうものかを探究するとどうなるか。持続を計測しないで、ただひたすらそれを見ることだけを望むような意識、そのとき持続を停止させないで把握しようとする意識、意識そのものを自ら把握しようとする意識、観客でも俳優でもあり、自発的であるとともに反省的であり、固定させる注意力と逃れていく時間とを一致させるまで、両者を接近させる意識、そのような意識に対して、持続はどのように現われるであろうか。

以上述べてきたことが問題であった。私はこの問題を持って、それまでは関心のなかった内的な生の領域に入っていった。私はただちに、精神についての連合主義の考え方が不充分であることを理解した。精神についてのこの考え方は、そのころ多くの心理学者・哲学者が共有していたものであったが、それは意識的な生を人工的に再構成した結果によるものであった。あいだに先入見を置かないで、直接に、じかに精神を見ればどうなるか。長いあいだにわたって考察と分析を試みた結果、私はそれらの先入見をひとつひとつ排除し、また、批判もしないで私が受け入れてきた多くの観念を捨てることができた。最後に私は、まったく純粋な、内的な持続を再発見したと思った。それは統一体でも多様体でもない連続性であり、われわれが持ちあわせているどの枠にも入らないものである。実証科学がこのような持続に関心を持たなかったのはまったく当然だと私は考えた。おそらく実証科学のはたらきは、行動がしやすくなるように、時間の効果をあいまいにできる世界を、われわれに対して作ることにほかならない。しかし、進化の理論であり、実在的なものの動性、進展、内的な成熟を追跡するために作られたスペンサーの哲学が、どうして変化そのものである持続に目を閉ざすことができたのか。

そののち私は、この疑問をもとにして、実在する時間を考えつつ、生の進化の問題を再考することになった。そのときになって私には、スペンサーの《進化主義》はほとんど完全に作り直さなければならないものであることがわかった。しかし、さしあたって私が熱中して考えていたのは、持続をどう見るかということであった。さまざまな学問体系を見直してみると、私には哲学者たちが持続について考えていないことがわかった。哲学史を通して、時間と空間は同じ列に置かれ、同じジャンルのものとして扱われている。われわれは空間を研究し、空間の性質と機能を規定し、それから、得られた結論を時間にあてはめる。その結果、時間の理論と空間の理論は一対のものになる。空間の理論から時間の理論へと移行するためには、ことばをひとつ変えれば足りた。つまり、《並置》に代えて《継起》を用いたのである。われわれは、実在する持続からたえず目をそらしてきたが、それはなぜなのか。科学にはそうする理由がある。しかし、科学に先行した形而上学もすでにこの方法を用いていたが、それは科学と同じ理由によってではなかった。もろもろの理論を検討してみると、ここでは言語が大きな役割を演じてきたように思われる。持続はつねに延長として表現される。時間を示すことばは、いつも空間を示す言語から借りてきたものである。われわれが時間を呼び出そうとするとき、それに答えるのは空間である。形而上学は、言語の習慣に妥協しなければならなかった。そしてそれらの習慣それ自体が、常識の習慣の規則に従っている。

しかし、もしここで科学と常識とが一致し、自発的もしくは反省的な知性が実在する時間を避けるとすれば、それはわれわれの悟性の使命が要求するからではないだろうか。人間の悟性の構造を検討したときに私が確認したと思ったのは、まさにそのことである。人間の悟性の機能のひとつは、運動においても変化においても、持続を隠すことにほかならないということが私には明白になった。

運動についてはどうであろうか。知性は運動についてはひとつの系列の位置しか保持していない。最初にひとつの点に到達し、次に別の点へ、そしてまた別の点へと到達する。われわれが悟性に対して、それらの点のあいだに何かが生じていると言って、異議を唱えるとしよう。悟性はそれらの点のあいだに、ただちに新しい位置を介入させ、この操作は同じように無限に進行する。悟性は移行からは目をそむける。われわれが固執すると、悟性は、考えられる位置の数が増加するにつれてしだいに狭くなるインターヴァルのなかに押し込められた動きが、後退し、遠ざかり、無限に小さくなって消え去るように処理をする。もしも知性の役割が、特に事物に対するわれわれの行動を準備し、明らかにすることであるとすれば、それほど自然なことはない。われわれの行動が適切に及ぶのは固定された点に対してのみである。われわれの知性が求めるのは固定性である。知性は、動性がいまどこにあり、これからどこに行こうとしているのか、動くものはどこを通過するのかを問題にする。たとえ知性が通過の瞬間を認め、そのときに持続に関心があるように見えるとしても、知性は二つの潜在的な停止の同時性を確認するだけで満足してしまう。知性が考えている動くものの停止と、その経過が時間の経過とされている、もうひとつの動くものの停止である。しかし、知性がかかわろうとするのは、実在的であれ可能的であれ、つねに不動性である。運動を位置のひとつの系列として描く、運動についての知性的なこのような表象を捨てることにしよう。運動に直接に赴き、介在する概念なしに運動を見つめよう。われわれは運動が単一であり、ひとかたまりになっているのを知るであろう。もっと先へ進もう。そしてその運動が、われわれ自身が作る、疑いなく実在的で絶対的な運動のひとつと合致するようにさせよう。そうするとわれわれは動性をその本質において把え、その動きが、不可分に連続する持続的な努力と一体化しているのを感知する。しかし、ひとつの空間が越えられることになるので、いたるところで固定性を求めるわれわれの知性は、運動が空間に対して適用され（運動が不動性と一致できるかのように）、動くものは、それがたどる線上のそれぞれの点に、順次に存在するのだとあとになって考える。われわれに言えるのは、その動くものがもっと早く止まっていれば、もっと短い運動に対してまったく異なった努力をすれば、そうなっていたであろうということだけである。このことと、運動に位置のひとつの系列しか見ないこととではほとんど違いがない。そのとき、運動の持続はそれぞれの位置に対応する《瞬間》に分解されるであろう。しかし、時間のもろもろの瞬間と、動くもののもろもろの位置は、われわれの悟性が運動と持続との連続性を撮影したスナップ写真にほかならない。それらの写真を並べれば、時間と運動についての実用的な代用品が手に入る。その代用品は言語の要求に応じたものであり、その次には計算の要求に応ずることになる。しかしそれは人工的な再構成にすぎない。時間と運動はそれとは別のものである。[1]

変化についても同じことが言えるだろう。悟性は変化を不変なものと見なし、継起的で、相互に異なったもろもろの状態に分解する。それらの状態のひとつひとつをよく考察し、それが変化することを認め、変化しなくても持続できるのはどのようにしてであるかを問うことにしよう。悟性はすぐに変化をもっと短い状態の系列で置きかえるが、今度はその系列が必要となるとさらにまた分解し、そのプロセスが無限に続く。しかし、持続の本質が流れ去ることであり、停止しているものに停止しているものを付加しても、持続するものは作られないということがどうして理解されないのか。実在するものは《状態》ではなく、くり返すことになるが、変化に沿ってわれわれが撮った単なるスナップ写真ではない。これとは反対に、実在的なものは流れであり、移行の連続であり、変化そのものである。この変化は不可分であり、実体的でさえある。もしもわれわれの知性があくまでもこの変化を一貫性のないものとし、よくわからない何らかの支えをそれに付けようとするならば、それは知性が変化に対して並置された状態の系列を置きかえたからである。しかしこの多様性は人工的なものであり、そこに再生させた統一性も人工的である。ここには、変化のたえまない前進だけがある。その変化は、無限に延長される持続のなかで、つねにそれ自体に付着している。

このように考えてきた私には、多くの疑問が浮かんだが、それと同時に大きな希望もわいてきた。私は、形而上学の問題は提示の仕方が誤っていたらしく、しかしまさにそのために、それらの問題が《永久的》なもの、つまり解決不可能なものとは思われなかったのだと考えた。形而上学は、エレアのツェノンが、われわれの知性が考えているような運動と変化に内在する矛盾を指摘したときから始まる。古代・近代の哲学者たちの主要な努力は、運動と変化について知性が考えたものが提起する難問を、一層こまかな知性の働きによって、克服し、回避することに向けられた。したがって形而上学は、事物の実在性を、時間を超えて、運動し変化するものの向こう側に、その結果として、われわれの感覚と意識が知覚するものの外側に求めるようになった。そうすると形而上学は、さまざまな概念の多かれ少なかれ人工的な整理、仮説による構築でしかありえなかった。形而上学は経験を超えると主張した。しかし実際には、動いていて充足しており、さらに深められることができ、したがって啓示に満ちている経験の代わりに、この同じ経験、あるいはむしろその最も表面にある層から得られた、固定した、無味乾燥の、空虚な抽出物、抽象的な普遍概念の体系を置いただけであった。それは、蝶が脱け出してくる繭《まゆ》について論じ、飛翔したり、変化したり、生きている蝶の存在理由と完成とが、繭の皮の不変性にあると主張するようなものである。そうではなく、繭を切り離さなくてはならない。蛹《さなぎ》を目覚めさせなければならない。運動には動性を、変化には流動性を、時間には持続を回復させよう。解決できない《大きな問題》が皮に残っていないかどうか、誰にわかるであろうか。それらの問題は、運動・変化・

時間にかかわるものではなく、われわれが誤ってそれらもしくはそれらと等価のものと考えている概念的な外皮にだけかかわっているものである。そうすると、形而上学は経験そのものになる。持続は、連続的な創造、たえまのない新しいものの噴出といった、あるがままのものとして示されよう。

というのは、運動と変化についてのわれわれの日常的な考え方が、われわれに見せないようにしているものがここにあるからである。もしも運動が位置の系列であり、変化が状態の系列であるとすれば、時間は相互に区別され、並置される部分から成ることになる。おそらくわれわれは依然として、それらの部分が継起すると言い続けるが、しかしその場合の継起は、映画のフィルムの映像の継起と似ている。フィルムは十倍、百倍、千倍も早く回転させることができるが、しかしそれによって映るものには何も変化はない。回転が無限に早くなり、映写が（映写機なしで）スナップ写真になるとしても、同じ映像があることになるであろう。このように理解された継起は、映像に何も付加しない。むしろ映像から何かを削除し、欠点を示し、映画を全体として捉えないで、ひとつひとつの映像に映画を分解せざるをえないわれわれの知覚の弱さを表わすことになる。要するに、このように見られた時間はひとつの観念的な空間にすぎず、そこでは過去・現在・未来のすべてのできごとが並んでいて、そのうえそれらの全体がわれわれに示されるのが妨げられていると想定されているのである。持続の展開はこの未完成そのものであり、マイナスの量を加えることである。これが、意識的にせよ無意識的にせよ、多くの哲学者の考えであり、またそれは悟性の要求、言語の必要とするもの、科学の記号表現と一致している。哲学者の誰も、時間の積極的な属性を探求しなかった。哲学者たちは継起を失敗した共存として、持続を永遠性の欠如として扱っている。そのため、彼らはどうしても徹底的な新しさと予見不能性とを考えることができない。私は、結果は原因から演繹されなくてはならないとする、現象とできごとの厳密なつながりを信じている哲学者たちのことだけを言っているのではない。彼らは、未来は現在のなかに与えられてあり、理論的に現在において見られるものであり、したがって現在に何も新しいものを付け加えないと考える。しかし彼らのなかにも、きわめて少数ではあるが、自由意志の存在を信じてきて、自由意志を二つまたはいくつかの立場のなかからのひとつの単なる《選択》に還元してしまったひとたちがいる。それはあたかも、それらの立場があらかじめ描かれてあった《可能的なもの》で、意志はそれらの可能的なもののひとつを《実在化する》にすぎないかのように見える。したがって、それらの哲学者たちは、自分では説明してはいないが、すべてが与えられていることを認めている。（少なくとも内側では）すべて新しく、たとえ純粋に可能的なもののかたちでさえ、実在化される以前にはあらかじめ少しも存在していないような行動について、彼らはまったく考えていないように見える。しかし、それが自由な行動である。とはいうものの、行動をこのように見るためには、さらには創造、新しいもの、予測できないものを考えるためにも、純粋持続のなかに身を置かなくてはならない。

実際、あなたが明日しようとしている行動について、たとえ何をするかがわかっていたとしても、それを今日想像してほしい。おそらくあなたの想像力は、行なうべき運動に及ぶであろう。しかし、その運動を行なうときにあなたが考え、経験することを、今日のあなたは知ることができない。というのは、明日のあなたの心の状態は、いままで生きてきたすべての生と、さらに特別な瞬間に付け加えられるものとを含むからである。与えられるはずの内容で、あらかじめこの状態を満たすためには、今日と明日とを区切るすべての時間が必要であろう。というのは、心的生活のただの一瞬でも減らせば、心的生活の内容が変わってしまうからである。ひとつのメロディの持続を短くすれば、そのメロディの性質はかならず変化する。内的な生活は、このメロディそのものである。したがって、たとえあなたに明日することがわかっているとしても、あなたは自分の行動の外側のかたちしか予見できない。明日の行動の内側を想像しようとするすべての努力は、ひとつの持続を占め、その持続は、行為がなされ、予見がもはや問題になりえないときまで、伸長を重ねてあなたを導くであろう。もしも行動が本当に自由で、つまりその外側のかたちも内側の色どりも、その行動がなされるときに、すべてが創造されるとすれば、どうなるか。

　したがって、連続したいくつかの局面が、一種の内的な増大によって相互浸透している進化と、相互に区別される部分が並置されている展開との差異は根本的である。扇を開くのはしだいに早くすることができ、一瞬で開くことさえできる。それでも、絹にあらかじめかたちどられた同じ刺繍《ししゅう》が現われるであろう。しかし、実在する進化は、それを少しでも加速したり遅くしたりすれば、内側で完全に変化する。加速したり遅くしたりすることが、まさに内側の変化である。進化の内容は、その持続と一体である。

たしかに、縮めることも拡げることもできないこの持続を経験する意識のほかに、時間がその上を滑っていくだけの物質の体系がある。この体系において継起するさまざまな現象については、実際にそれが扇を拡げること、あるいはむしろ映画フィルムの映写であると言えよう。それらの現象は前もって計測することができ、実在化される前に、可能的なもののかたちであらかじめ存在している。これが、天文学・物理学・化学が研究する体系である。物質世界は、全体としてこうしたジャンルにおいて体系を作っているのだろうか。われわれの科学をそのように想定するとき、科学は単に、宇宙のなかで計測できないものはすべて排除すると言っているだけである。しかし、哲学は何も排除しようとするものではなく、われわれの物質的世界のさまざまな状態は、意識の歴史と同時代のものであることを認めざるをえない。意識の歴史は持続するものであるから、物質世界の状態も、何らかの仕方で、実在する持続と結び付いていなければならない。映画のフィルムには、完全に計測可能なひとつの体系の継起する状態が記録されている。理論的には、このフィルムはどんな速さでも映写できるのであり、速度を変えても何かが変わるわけではない。しかし実際には、映写の速度は決められてある。というのは、フィルムの映写はわれわれの内面の生の何らかの持続に対応しているからである。それも、ある特定の持続に対応しているのであって、それとは別の持続に対応しているのではない。したがって、映写されるフィルムは、持続していて、フィルムの運動を規制する意識とつながっているように見える。すでに述べたことであるが、砂糖水を作ろうとするときは、砂糖が溶けるのを待たなくてはならない。この待たなければならないということに意味がある。つまりそれは、時間がひとつの抽象・関係・数にすぎないような体系を、世界のなかから取り出すことができるとすれば、世界そのものがまったく別のものだということを表わしている。もしわれわれが、無機的であるが、有機的存在で織り成されているこの世界全体を包みこむことができるならば、その世界はたえずわれわれの意識の諸状態と同じように新しく、オリジナルで、予測できないかたちをとっていることがわかるだろう。

しかしわれわれには、本当の持続における継起と、空間として考えられた時間のなかの並置との区別、進化と展開の区別、徹底的な新しさと前からあるものの再整理との区別、そして創造と単なる選択との区別がなかなかつけられないのであり、そのため同時に多くの側面からこの区別にどんなに光を当てても、当てすぎるということはない。したがって、創造的な進化として考えられている持続のなかには、実在性のたえまない創造だけではなく、可能性のたえまない創造もあると言える。しかし多くのひとたちはこのことを認めたがらない。というのは、ひとつのできごとがかつてなしとげられなかったならば、これからもなしとげられないだろうし、したがって実在する以前には可能的であったに違いないと、彼らはいつも判断するからである。しかし、もっと近寄って見てほしい。そうすれば、《可能性》がまったく異なった二つのことを表わしていて、多くのばあいわれわれは無意識にそのことばの意味をもて遊びながら、その二つのあいだで迷っているということがわかるだろう。音楽家が交響曲を作曲するとき、彼の作品は実在する前に可能的だったのだろうか。その実在化に、打ち克ちがたい障害がなかったとしたら、そうだと言える。しかし、可能的ということばのこのようなまったく否定的な意味から、気付かないままに肯定的な意味へと移行するならば、作られるすべてのものは、充分な情報のあるひとには前もって認められることができ、それが観念というかたちで、実在化される前にあらかじめ存在していたことがわかる。しかしこれは、芸術作品のばあいには道理にそむく考え方である。というのは、音楽家がこれから作曲しようとする交響曲について、明確で完全な観念を持った瞬間に、その曲はすでに作られたことになるからである。芸術家の思考のなかにも、ましてわれわれのものに似た、非人格的もしくは単に潜在的な思考においても、交響曲は実在する以前に可能的なものとして存在してはいなかった。しかしこのことは、すべての意識のある存在、生命を持つ存在を含む宇宙のどの状態についても言えるのではないだろうか。宇宙は、巨匠の作曲した交響曲よりも、新しさと徹底的な予見不可能性に満ちてはいないだろうか。

　しかし、たとえ作られる前に構想されていなかったとしても、それは構想されることができたはずであり、その意味で、実在的もしくは潜在的な知性のなかに、可能的なものという状態でずっと以前から存在していたのだという確信があいかわらず残っている。このような錯覚をよく検討すれば、それがほかでもなくわれわれの悟性の本質そのものから来ていることがわかるだろう。ものとできごとは、一定の瞬間に作られる。ものもしくはできごとの出現を確かめる判断は、そのあとからでなければなされない。したがって、その判断には日付けがある。しかしこの日付けはすぐに消えてしまう。すべての真理は永遠であるという原理が、われわれの知性に深く根ざしているからである。判断がいま真であるとすると、それはこれまでもずっと真であったはずだとわれわれには思われる。その判断がまだ形式化されていなかったなどということは意味のないことである。判断は、事実として提示される以前に、権利として提示されていたのである。このようにわれわれは、真であるという肯定のすべてに、さかのぼって及ぶ効果を認める。あるいはむしろそのような肯定に逆に向かう運動を刻印する。それはまるでひとつの判断が、それを構成する関係項よりも前に存在しえたかのようである。それらの関係項は、それが表わしている対象が現われたときから始まったのではないかのようである。物と物の観念、物の実在性と可能性が、芸術または自然によって、本当に新しいかたちが創られるとき、同時に創造されたのではなかったかのようである。

このような錯覚から生じてくる結果は限りなく多い(2)。人間とできごとについてのわれわれの評価は、真の判断には回顧する価値があるという信念、つまり一度設定された真理が、時間のなかで自動的に行なう退行的運動への信念に基づく。実現されているという事実だけで、実在はその背後の限りなく遠い過去に自分の影を投射する。このように、実在は可能的なものというかたちで、自ら実在化される前にあらかじめ存在していたように見える。過去についてのわれわれの考え方を誤らせ、あらゆる機会に未来を予見できると主張させる誤りの根源がここにある。たとえばわれわれは、明日の芸術・文学・文明がどうなるのかを自問する。われわれは、社会の進化の曲線がどんなものかを、大ざっぱに想像する。できごとの細部を予測するようにさえなる。たしかに、いつでもわれわれは、すでにできている現実を、それに先行するできごと、その現実が生じた状況に結び付けることができる。しかし、まったく異なったひとつの現実（どの現実でもいいというのでないことは確かだが）が、別の側面から捉えられた同じ状況、同じできごとと結び付いていたということもありうる。そうすると、現在のあらゆる側面をすべての方向に拡げて考えることによって、未来が選択すると仮定するとき、いまやわれわれは、未来が選択するすべての可能性を得ると言えるのだろうか。しかし、まず第一に、そのような拡張そのものが、まったく予見できないあらゆる部分で作られた、新しい性質の追加であるのかもしれない。そして次には、現在のひとつの《側面》が《側面》として存在するのは、われわれの注意がその側面を分離し、それによって現在の状況全体のなかからひとつのかたちを切り離すばあいに限られる。そうすると、現在の《すべての側面》は、注意によってなされる分離のもとのかたちがあとから生じたできごとによって作られる以前に、どのように存在することになるのだろうか。したがって、それらの側面がかつての現在、つまり過去に帰属するのは、以前にさかのぼることによってのみである。またそれらの側面は、過去がまだ現在であったときには、その現在においては実在性がなかったのであり、それは未来の音楽家たちの交響曲が、われわれのいまの現在において実在性がないのと同じである。簡単な例をあげると、一九世紀のロマン主義を、古典主義のなかにすでにあったロマン主義的なものと結び付けても、今日何のさしさわりもない。しかし、古典主義におけるロマン主義的なものが見えてくるのは、すでに現われたロマン主義がさかのぼって及ぼす効果によってにほかならない。ルソー、シャトーブリアン、ヴィニー、ヴィクトル・ユゴーといったひとたちがいなかったならば、以前の古典主義の作家のうちにあるロマン主義を見出すことができないばかりか、実際にそれがなかったことになるだろう。というのは、古典主義の作家のロマン主義が現実化されるのは、彼らの作品のひとつの側面を切り離すことによってのみであり、特別な形式を持つこの切り離しは、ロマン主義が現われる以前の古典主義の文学には存在しなかったからである。それは、流れていく雲のなかに、画家が空想のおもむくままにかたちのないマッスを作り上げながら認める楽しいデッサンがないのと同じである。雲に対する画家のこのデッサンと同じように、ロマン主義は古典主義に対してさかのぼって作用を及ぼした。ロマン主義は過去のなかにさかのぼって自らの前身を創造し、先行するものによって自己自身を説明した。

つまり、われわれがいまの現実のなかで、未来の歴史家にとっての最大の関心事を正確に認識するためには、幸運な偶然、例外的なチャンスが必要なのである。この歴史家がわれわれの現在を考えるときには、彼は特に彼にとっての現在の説明をわれわれの現在にさがし求めるであろうし、またもっと特別には、彼の現在に含まれる新しいものの説明をわれわれの現在にさがし求めるだろう。この新しいものが創造されたものであるとして、それが何であるのか、いまわれわれには少しもわからない。したがって、さまざまな事実のなかから記録に値するものを選ぶためには、あるいはむしろ、新しいものが指示するところに従って現在の現実から切り取ってくることによって事実を作り出すためには、この新しいものにいまわれわれはどのように従えばいいのであろうか。近代の重要な事実はデモクラシーの到来である。同時代のひとたちが描いている過去がどのようなものであれ、そうした過去のなかに、デモクラシーの先駆のしるしが見出されるのは疑いのないことである。しかし、それらの同時代人たちは、人類がデモクラシーの方向に進んでいることを知っていたからこそ、デモクラシーのおそらく最も興味ある徴候を認めたのである。そのときには、この進行の方向は、別の方向と同じように認められてはいなかったのであり、あるいはむしろ存在していなかった。それが進行そのものによって、つまりデモクラシーをしだいに構想し、実現していったひとたちの前進運動によって作られたのである。したがって、デモクラシーの先駆のしるしが、われわれにとってしるしであるのは、われわれが今デモクラシーの展開のプロセスを知っているからであり、そのプロセスが実現されたからである。プロセスも、方向も、したがってその到達点も、それらの事実が生じたときには与えられてはいなかったのであり、それゆえそれらの事実はまだしるしではなかったということになる。もう少し先へ行くことにしよう。私は、この点に関して最も重要な事実が、同時代人たちによって無視される可能性があると述べた。しかし実際には、それらの事実の大半は、その時代にはまだ事実としては存在していなかった。もしもいまわれわれがその当時を完全に復元させることができ、そのときの現実の分割されていないかたまりの上に、デモクラシー思想と呼ばれている、まったく特別なかたちの光を当てることができるならば、われわれにとってそれらの事実は、いまからふり返ってみることによって存在することになるだろう。そのようにして光を当てられた部分は、すぐれた画家のデッサンと同じように独創的で予見不可能な輪郭にそって全体から切り取られたものであり、それらの部分がデモクラシーを準備する事実になるだろう。要するに、われわれの子孫に、先駆者たちの時代の重要なできごとの彼らによる説明を残すためには、それらのできごとがすでにわれわれの目にとってかたちを持つものでなければならず、また実在する持続は存在しない、ということになろう。われわれは未来の世代に、自分たちに関心のあること、過去の進化に照らし合わせつつ、われわれの注意力が考えまた描くものを伝えるのであって、新しい関心を作ることによって、未来の世代の注意力に刻まれる新しい方向によって、彼らに関心のあるものを伝えるのではない。要するに、ことばを換えていうと、現在の最も重要なものの歴史的起源は完全に解明されることはありえない。というのは、それらの起源がすべて復元されるのは、不確定であるために予見できないものである不確定な未来に応じて、過去が同時代人によって表現されるばあいに限られるからである。

オレンジ色のようなひとつの色を例にしてみよう(3)。われわれはこの色のほかに赤と黄を知っているから、オレンジ色をある意味では黄と考え、別の意味では赤と考え、オレンジ色が赤と黄の混合色だと言うことができる。しかし、黄も赤もまだ世界に現われず、オレンジ色がそのままに存在すると仮定しよう。そのときにも、オレンジ色はすでに二つの色の混合色であるといえるであろうか。そんなことはありえない。赤の感覚と黄の感覚は、意識の特別なあり方とともに、神経と脳組織のすべてのメカニズムを含むものであって、生命が創造したものである。これらの感覚は作られたものであるが、作られなかったこともありえた。そして、地球上でも、また他の惑星においても、赤と黄という二つの色の感覚を経験した人間がいなかったとするならば、オレンジ色の感覚は単純な感覚であって、構成要素もしくは側面としての黄と赤の感覚が考えられることはなかったであろう。私は、日常的な論理がこのような考え方に抵抗することを認める。その論理は次のように述べる。《黄と赤の感覚がいまオレンジ色の感覚の構成のなかに入っているとすれば、黄と赤が実際にはなかった時代があったとしても、あいかわらずそこに入っていたのである。二つの感覚は潜在的にそこにあったのだ。》しかしそれは、われわれの日常的論理が、過去をふり返って見る論理だということである。われわれの日常的論理は、現在の実在を、可能性もしくは潜在性の状態で、過去に投影しないではいられない。そのために、いま合成されているものが、この論理の眼にとっては、ずっと前から合成されていたはずだということになる。われわれの日常的な論理は、ひとつの単一な状態が、そのままで留まっていながら、合成された状態になりうるということを認めない。それは、進化が合成された状態を見るための新しい視点と、この状態を観念のなかで分析するための多くの要素とを創り出したからだという理由によっているだけである。われわれの日常的な論理は、それらの要素が実在するものとして現われないならば、可能性として以前に存在したのだとは考えようとしない。この論理によると、ものごとの可能性は（そのものごとが、あらかじめ存在している要素のまったく機械的な配置であるばあいを除いて）、一度現われた実在するものの無限定な過去での幻にすぎないからである。もしもこの論理が、現在の実在から現われてくるものを、可能的なものというかたちで過去に押しやるとすれば、それはこの論理が、何かが現われること、何かが創られること、時間が効果を持つことを認めようとしないからである。ひとつの形式のなかに、あるいはひとつの新しい性質のなかに、この論理は古いものの配置のやり直ししか認めず、絶対に新しいものを認めることはない。この論理にとって、すべての多様性は定数の単位に分解される。この論理は、不明確で分割されてもいない多様性、ただ単に強度的もしくは質的な多様性、世界のなかにそれを見る新しい視点が現われてくるにつれて、そのままの状態でありながら際限なく増大する要素を含む多様性という考え方を受け入れない。たしかに、そのような論理を捨てたり、それに反抗することが問題なのではない。そうではなく、この論理を拡大し、柔かにし、新しいものがたえず噴出し、進化が創造的であるような持続に適応させなければならない。

これが私の選んだ好ましい方向であった。私が純粋持続を捉えるために位置した中心から、私の前方に、私のまわりにも、ほかの多くの方向が開かれていた。しかし私はその方向を取った。それは自分の方法を実験するために、まず第一に自由の問題を選んだからである。そこから私は、多くのばあい哲学がその表面の固《かた》まったものしか捉えていないように思えた内的な生の流れに戻った。小説家とモラリストは、この方向で哲学者よりも先に進んでいたのではないか。おそらくそうだったであろう。しかし彼らが障害を打ち破ったのは、必要に迫られて、いくつかの場所においてそうしたというだけのことである。誰もまだ方法的に《失われた時を求めて》進もうとはしなかった。いずれにしても、私はこの問題については最初の著書のなかで示唆しておいただけであり、第二の著書でも暗示するだけにしておいた。そこで私は、行動の面と夢の面とを比較した。行動の面では、過去は現在のなかに収縮され、夢の面では、過去全体が不可分で破壊されえないものとして広がる。しかし、個別的な例によって精神の研究を具体的に企てるのが文学の仕事であるとすれば、哲学の義務は、直接的に、そして媒介なしに、自己による自己の観察の一般的な条件をここで示すことだと思われた。この内的な観察は、われわれが身に付けた習慣によって歪められる。その主な変化は、おそらく自由の問題を創り出したものであるが、この問題は持続と延長を混同したために生じた、にせの問題である。しかし、同じところから生まれたように見えるそのほかの変化もいくつかある。たとえば、われわれの魂の状態は数えられるものと思われている。そのうちのある状態は、このように分離して考えると、計測できる強度を持っていると思われる。それらの魂のひとつひとつと全部に対して、それを表現し、それ以後それをすっかり覆ってしまうようなことばを代置できるとわれわれは考えている。そのときわれわれは、それらのことばそのものの固定性・非連続性・一般性が魂の状態に存在するのだと考える。魂の状態を包んでいる、ことばというこの外皮を破るために、それを捉えなければならない。しかし、この外皮は、まず第一にそのかたちと構造を考え、それがどういう目的を持つものかを理解しない限り捉えられないだろう。この外皮の性質は空間的であり、社会的な有用性を持っている。したがって、この空間性と、特別な意味での社会性が、ここではわれわれの認識の相対性の本当の原因である。中間にあるこのヴェールを除くと、われわれは直接的なものに戻り、ひとつの絶対的なものに触れる。

このような最初の考察からいくつかの結論が生じた。それらの結論はいまでは幸いにもほとんど月並なものになったが、最初は無謀であるように見えた。それらの結論は、理論としてではないとしても、少なくとも方法として一般に認められていた連合主義を捨てるように、心理学に求めるものであった。それらの結論はもうひとつ別の断絶をも求めたが、私はそれについてはちょっと注目しただけであった。連合主義と並んでカント主義があったが、その影響は連合主義と結びついて、同じように強力で、また一般的であった。コントのような実証主義、スペンサーのような不可知論を排除したひとたちも、認識の相対性というカントの考え方に異議を唱えるところまではいかなかった。カントが立証したのは、われわれの思考は、空間と時間のなかであらかじめ分散されていて、それによって特に人間のために用意されている材料についてなされるものだということであったとされている。したがって《物それ自体》はわれわれには捉えられないことになるということである。カントの考え方に従うならば、物それ自体を捉えるためには、われわれにはない直観的な能力が必要になる。しかし、私の分析から得た結論では、そうではなくて、実在、われわれの人格の少なくとも一部分は、その自然な純粋さのままで捉えることができる。いずれにしても、私の考えでは、われわれの認識の材料は、何かよくわからない悪霊によって創られたり、壊されたり、変形されたりするものではなかった。その悪霊は、われわれの意識のような人工的な容器のなかに、心的なものの断片を投げ入れるものではないということである。われわれの人格は、われわれが最も都合がいいように身に付けてきた習慣から脱するとき、《それ自体》として現われてくる。しかしそれはほかの実在、おそらくはすべての実在にとっても同じではないだろうか。形而上学の発展を中止させた《認識の相対性》は、根源的で本質的だったのか。それはむしろ偶然的であり、あとから得られたものではないだろうか。それはまったく単純に、知性が実際生活に必要な習慣を獲得したところから来るのではないだろうか。それらの習慣が思考の領域に移されると、われわれは歪められ、作り直された実在、いずれにしても整理された実在に直面することになる。しかしこの整理はわれわれにいやおうなしに押しつけられるものではない。それはわれわれ自身を起源とする。われわれは、自分が作ったものを壊すことができる。そうすればわれわれは、実在と直接に触れるようになる。したがって、私が排除したのは連合主義という心理学のひとつの理論だけではない。同じような理由によってであるが、カント主義のような一般的な哲学と、それに関係するあらゆるものを私は排除したのである。そのころ大筋のところでは広く認められていた連合主義とカント哲学は、私には哲学と心理学の発展を妨げる障害のように思われた。

　哲学と心理学の発展が残された仕事であった。そのためには、障害をなくすだけでは不十分であった。そのため私は、心理的な機能の研究に取りかかり、そのあと、心理的なものと生理的なものの関係、さらに一般的に生の問題を考えた。そのばあい私はいつも直接に見ることを追求し、それによって、物ごとそれ自体にはかかわらない問題、物ごとそれ自体を人工的な概念に移しかえたものを排除した。私はここでひとつの物語をたどるつもりはない。その物語の第一の結末は、外見は非常に単純な方法が、実際にはとても複雑であることを示すものである。私はそれについては次の章で簡単に述べるつもりである。しかし私は、最初のところで何よりも明確さを求めると述べたのであるから、この明確さは私にとっては他のどんな方法によっても得られるものではないということを最後に指摘しておきたい。というのは、不明確さは通常ひとつの物ごとを範囲の広すぎるジャンルに含めることであり、物ごととジャンルは、あらかじめ存在していることばに対応しているからである。しかし、すでに使われている概念を使わないことから始めるならば、実在するものを直接に見るならば、そしてこの実在をその分野に配慮して細分化するならば、自分の考えを表現するために作られなければならない新たな概念は、今度は対象にきちんと合わせて形成されるだろう。不明確さは、それらの新たな概念をほかの対象に拡げるために生じることになる。それらの概念は、その一般性においてほかの対象も同じく包含するが、さらにまたそれらの対象を認識しようとする番になれば、概念の外側で、対象それ自体において研究しなければならないだろう。

Ⅱ　序論（第二部）

問題の位置について

持続と直観——直観的な認識の性質——直観的な認識はどういう意味で明晰か——二種類の明晰さ——知性——知的な認識の価値——抽象化とメタファー——形而上学と科学——両者が助け合う条件——神秘主義について——精神の独立について——問題の《関係項》を受け入れるべきか——都市の哲学——普遍観念——真の問題とにせの問題——カントの批判主義と認識論——《知性主義》の幻想——教育の方法——語るひと——哲学者・科学者・《知識人》

持続についてのこのようないくつかの考察は、私には決定的であると思われた。それらの考察によって、私は直観をしだいに哲学の方法とするようになった。ただし私は長いあいだ、《直観》

ということばを使おうかどうしようかと迷っていた。認識のひとつのあり方を示すすべてのことばのなかで、《直観》は最も適切なものであるが、それでも混乱をもたらすおそれがある。シェリングやショーペンハウアーやその他の哲学者たちが、すでに直観ということばを使っていて、彼らは多かれ少なかれ直観を知性と対立させたので、私も同じ方法を用いたと思われるおそれがあった。あたかも彼らのいう直観が、永遠なるものの直接的な探求ではないかのように、逆にまた私の考えでは、何よりも真の持続を発見することが問題ではないかのように。概念による思考では、精神の根底には到達できないことを感じていた哲学者は数多い。その結果として、直観に含まれる、知性を超えた能力について語った哲学者も多い。しかし彼らは、知性が時間のなかで作用すると考えたために、知性を超えることが時間から離脱することだという結論にいたった。知性が考える時間が空間であるということ、知性が持続そのものではなく、持続の幻に基づいて働いていること、時間を排除するのが、われわれの悟性の習慣的で、一般的で、ありふれた行動であること、精神についてのわれわれの認識が相対的であるのはまさにそのためであること、そしてその結果として、知性の作用から直観的な洞察へ、相対的なものから絶対的なものへと移行するためには、時間から離脱する必要はないこと（われわれはすでに時間から離脱している）、それらのことを哲学者たちは考えなかったのである。逆にわれわれは、持続のなかに自らを置き、動いている実在を把握しなければならない。動いているということが実在の本質である。ひととびで永遠のなかへと移行すると主張するような直観は、知性的なもので満足してしまっている。そのような直観は、知性が与えるいくつかの概念を、それらすべてをまとめるただひとつの概念によって置きかえるだけである。そのためそのただひとつの概念は、実体・自我・観念・意志といったどんな名称で呼ばれようと、いつも同じものである。このように理解されている限りでの哲学は、どうしても汎神論的であるが、あらゆることを演繹によって簡単に説明できるだろう。というのは、そのような哲学には、いくつかの概念をまとめる概念というひとつの原則にしたがって、すべての実在的なもの、すべての可能的なものがあらかじめ与えられているからである。しかしこの説明はあいまいで仮説の段階にとどまるものであり、概念のこの統一性は人工的であり、そしてこの哲学はわれわれの世界とはまったく異なった世界にも、同じように適用されるだろう。実在的なものの波動をたどる本当に直観的な形而上学は、ずっと示唆に富むものになるだろう。そのような形而上学は、ものごとの全体をもはや一気に把握することはないであろうが、ものごとのそれぞれについて、正確に、それだけに適合するような説明をするであろう。それは、世界の組織的な統一性を定義したり、記述することから始めはしない。世界が実際にひとつであるかどうかを誰も知ってはいない。経験だけがそれを語ることができる。そしてもしも世界の統一性が存在するならば、それは研究が終ってから、結果として現われてくるものであろう。世界の統一性を、原理として、最初に設定することはできない。またそれは、豊かで充実した統一性、連続性のある統一性、われわれの現実の統一性であり、可能な不特定な世界の統一性でもあるような、高度の一般化から生じてきた、抽象的で空虚な統一性ではない。そうすると、その哲学がそれぞれの新しい問題についてひとつの新しい努力を必要とすることは確かである。どの解決も、ほかの解決から幾何学の演繹のように導かれるのではない。どんな重要な真理も、すでに得られたひとつの真理を延長することによって得られるものではない。おそらくひとつの原理のなかに、普遍的な学問を潜在的に収めることを捨てなければならないだろう。

したがって、私が論じている直観は、まず何よりも内的な持続にかかわるものである。直観は、並置ではない継起、内側からの増大、現在において未来を浸食していく、過去のたえまない延長を把握する。それは精神によって精神を直接に見ることである。何ものもそのあいだに介在しない。空間と言語というそれぞれの面を持つプリズムを通してのいかなる屈折もない。ことばに併置されたことばになるような、さまざまな状態がほかのさまざまな状態に隣接するのではなく、ここには内的な生の流れの、不可分で、したがって実体的な連続がある。そのため、直観はまず第一に意識を意味する。しかしそれは直接的な意識であり、見られる対象とほとんど区別されないような見る行為である。それは接触であり、一致でさえあるような認識である。――またそれは、譲歩するが、また抵抗し、屈伏するがまた回復する無意識との境界に圧力をかける、拡大された意識である。闇と光の急激な交替を通して、直観は無意識がそこにあることをわれわれに確認させる。厳密な論理に対抗して、直観は心理的なものがどれほど意識的であっても、心理的無意識があると主張する。――直観はもっと先まで行くのではないだろうか。直観はわれわれ自身についての直観に限定されるのだろうか。われわれの意識と他者の意識とのへだたりは、われわれの身体と他者の身体とのへだたりほど明確なものではない。なぜなら、はっきりした区分は空間によってなされるからである。考えた結果ではないような共感と反感は、非常にしばしば対象を見通すものであって、人間の意識が相互に浸透できるものであることを示している。したがって、心理的な浸透という現象が存在するだろう。直観はわれわれを一般的な意識へと導くであろう。——しかし、われわれの共感は意識によってのみなされるのであろうか。もしもすべての生命体が生まれ、成長し、死ぬものであり、生命がひとつの進化で、持続がそこではひとつの実在であるならば、生命的なものについての直観も存在し、したがって生についての形而上学が存在し、それが生命体の科学を展開させるのではないだろうか。たしかに科学は有機体についての物理化学をしだいに発展させるだろう。しかし、有機体が作られるための深い原因は、純粋なメカニズムの枠のなかにも、正確な意味での目的性の枠のなかにも入らないものであること、その原因は純粋な統一体でも明確な多様体でもないこと、さらにわれわれの悟性はその特徴をつねに単純な否定として規定しようとすることをわれわれは承知しているが、われわれの内部にある生の飛躍を意識によって再び捉えるならば、その原因に到達できないだろうか。もっと先へ進んでみよう。有機的組織を超えて行くと、無機物質はおそらくいくつかの体系に分解される。時間はそれらの体系に入り込むことはなく、その上を滑って行くが、そうした体系は科学に依拠するものであり、悟性がその体系に適用される。しかし、全体としての物質的世界はわれわれの意識を待たせている。物質的世界それ自体も待っている。物質的世界は持続しており、あるいはわれわれの持続とつながっている。物質的世界は、その起源によって、もしくはその機能によって精神と結び付いているのだが、いずれのばあいも、実在する変化と運動に関して物質的世界に含まれるすべてによって、直観に依拠している。微分あるいはむしろフラクション法〔ニュートンの微積分法〕という考え方は、この種の見方によって科学に対して示唆されたと私は考えている。この見方は起源においては形而上学的であったが、自らを厳密なものにして行くにしたがって、つまり確固とした用語で表現できるものにして行くにしたがって、科学的になる。簡単に言うと、純粋な変化、実在する持続は、精神的なものであるか、精神性を含んだものである。直観は、精神・持続、そして純粋な変化に到達するものである。直観にとって固有の領域は精神なので、直観は事物のなかに、たとえそれが物質的な事物のばあいでも、精神性にかかわっているものを把握しようとする。——精神性といったが、もしも浄化され、精神化されてさえいるわれわれの意識に、まだ人間的なものが混在していることを知らないならば、神性といってもいい。人間性のこの混在こそ、直観の努力がさまざまな高さと地点でなされるようにし、多様な哲学において、相互に妥協できないわけではないとしても、一致することのない結果をもたらすようにするものである。

したがって、直観について単純で幾何学的な定義を求めないでほしい。直観ということばを、相互に数学的に演繹できないものと私が考えていることを示すのは容易である。デンマークの有名な哲学者が、直観についての四つの意味を示しているが、私は直観にはそれ以外の意味もあると考える。(1) 抽象的でも便宜的でもなく、実在的で具体的なもの、ましてすでに知られている構成要素ではふたたび作れないもの、悟性によっても常識によっても言語によっても、実在の全体から切り離されなかったもの、それがわかるのは、多様で、相互に補足し、相互に異なった価値を持つ見方をすることによってのみである。小さなものと大きなものを、われわれの努力と巨匠の努力を比較してはならない。しかし、私が記述しているような直観の多様な機能と局面は、スピノザの《本質》《存在》、アリストテレスの《形相》《可能態》《現実態》といった用語の意味が多様であることに比べれば取るに足らない。『アリストテレス辞典』のなかの形相《エイドス》ということばの意味のリストを見れば、どれほどさまざまな意味があるかがわかるだろう。非常に遠い二つの意味を取り上げてみると、ほとんど相互に排除し合うもののように見えるだろう。しかし、それらの意味は相互に排除し合うものではない。というのは、二つの意味のあいだにあるいくつもの意味の連鎖が両者をつないでいるからである。全体を包む努力をすれば、われわれは実在的なもののなかにいるのであって、単一な定式にしてしまえるような数学的本質を前にしているのではないことがわかる。

しかし、基本的な意味がひとつある。それは、直観的に考えるということは、持続のなかで考えるということである。通常、知性は動かないものから出発し、並置される不動性から、何とかして運動を再構成する。直観は運動から出発し、運動を実在そのものとして位置付け、あるいはむしろ知覚し、不動性については、われわれの精神がある動きを撮影したスナップ写真としての抽象的な瞬間しか見ない。知性は通常、物ごとを安定したものと考え、変化はそこに追加された偶然のできごとだとする。直観にとって、本質的なものは変化である。知性が理解する物ごとは、生成変化の途中でなされ、全体の代わりとして精神が作り上げた切片である。通常、思考は新しいものを、あらかじめ存在する要素を新しく配列したものとして考える。思考にとっては、何もなくならず、何も創られない。直観は、増大していく持続と結び付き、持続のなかに、予見できない新しいものがたえず連続しているのを認める。直観は、精神が自ら持っている以上のものを自身から引き出すこと、精神性がまさにそこにあること、精神がしみ込んだ実在は創造であることを見ているし、また知っている。思考の習慣的な仕事は簡単なもので、望む通りに拡げられる。直観は困難なものであり、持続しえないようである。知性作用にせよ直観にせよ、思考はおそらくいつも言語を用いる。そして直観は、あらゆる思考と同じように、最後は概念のなかに宿る。持続、質的もしくは異質な多様性、無意識、最初の意味での微分さえも、そうした概念の例である。しかし、起源が知的なものである概念は、少なくとも十分な努力のできるひとにとってはただちに明晰なものであるが、直観から生じた観念は、われわれの思考の能力がどんなものであっても、最初はあいまいである。すなわち明晰性には二種類が存在する。

新しい観念が明晰でありうるのは、それがわれわれがすでに持っていた要素的観念を、新しい順序に単純に並べかえて示すからである。そのときわれわれの知性は、新しいもののなかに古いものしか見出さないので、勝手がわかっているように感じ、気が楽になっていて、《よくわかる》

のである。これがわれわれが望み、求めている明晰さであり、それを与えてくれるひとに対して、われわれはいつも感謝する。われわれが受け取るもうひとつの明晰さがあるが、ただし長い時間がたたない限りその重要性はわからない。それは根源的に新しく、絶対的に単純な観念の明晰さであって、多かれ少なかれ直観を捉えている。この観念には要素がないので、あらかじめ存在していた要素でそれを再構成することができず、また他方では、努力なしで理解するということは、古いもので新しいものを作り直すということであるから、われわれの最初の判断は、この観念は理解不能だということである。しかしこの観念を暫定的に受け入れ、われわれの認識のさまざまな領域をその観念とともに歩いてみると、あいまいなその観念のあいまいさが消えていくのがわかるであろう。この観念によって、解決不可能と判断されていた問題が解決あるいはむしろ解消され、決定的に消滅するか、別のかたちで提起されることになる。それらの問題に対してこの観念が役立ったことが、今度は逆にその観念にとって役立つことになる。それらの問題に対してこの観念が役立ったことが、今度は逆にその観念にとって役立つことになる。知性的なものであるそれらの問題のひとつひとつが、その知性的なもののいく分かを観念に伝えるであろう。このようにして知性化された観念は、観念を用いたあとで、その観念の役に立つような問題に、新たに向けられることができるだろう。その観念は、問題のまわりにあるあいまいさをより一層なくし、かつそれ自体がさらに明晰になるだろう。したがって、自らに対して光を持っていて、しかも自らの最も小さな隅の方まで、すぐにその光を浸透させるような観念と、外側に向かって光っていて、思考のひとつの領域をそっくり照らしている観念とを区別しなければならない。後者は最初のうち内側があいまいであるかもしれない。しかし、それがまわりに投射する光は、反射によって自分のところに戻り、もっと深く自らの内部に浸透していく。そうすると、それらの観念は、ほかのものを照らす力と、自らを照らす力という二つの力を持つ。

また、それらの観念に、力を得るための時間を与えなければならない。哲学者はかならずしもそのような忍耐力を持ってはいない。言語のなかに貯えられている概念に頼る方がはるかに簡単ではないだろうか。それらの観念は、必要に応じて知性によって作られてきたものである。それらの観念は、実在を切断したものに対応しているが、その切断は、実在に対してたやすく作用するためにたどるべき線に沿ってなされるものである。多くのばあい、それらの観念は、対象と事象をそこから引き出せる利点にしたがって配分し、同じ知性的な枠のなかに、同一の必要に関連するすべてのものを雑然と投入する。われわれがさまざまな異なる知覚に対して同じ反応をするとき、われわれは《同じジャンル》の対象を前にしていると言う。われわれが二つの反対の方向で反応するとき、われわれは二つの《対立するジャンル》に対象を分けている。そうすると、定義によって、このようにして得られた普遍性に帰着することができるものは明晰であり、そうでないものはあいまいということになる。それによって、哲学の論争において、直観の視点がきわめて劣ったものであることが説明される。一方が決定論、他方が自由論の立場にある二人の哲学者の論争を聞いてみよう。決定論の方がいつも道理にかなっているように見える。決定論の哲学者が経験不足で、相手が老練でも同じである。決定論の哲学者は気楽に自分の立場を弁護するが、相手方は自分の立場を弁ずるために血と汗をしぼることになる。決定論の哲学者はつねに、単純で、明晰で、真実を語っていると言われるだろう。それが容易にまた自然にそうなるのだが、それは彼が完全に準備された思想と、すでにでき上がった言い回しを集めれば足りるからである。科学・言語・常識、そして知性のすべてを彼は用いることができる。直観の哲学に対する批判はきわめて容易にできるし、認められることが確かなので、哲学の初歩の段階にあるひとはいつもそれに誘惑される。しかしあとになって後悔するかもしれない。もっとも、最初から無理解があったり、くやしまぎれの状態で、文字には還元できないすべて、元来が精神のものであるすべてに対する、個人的な怨みがあるばあいはその限りではない。それは起こりうることである。というのは、哲学の世界にも律法学者やパリサイ人〔形式だけを守る偽善者〕がいるからである。

したがって私は、形而上学に対して、主として精神という限定された対象と、何よりも直観という特別な方法を認める。それによって私は形而上学と科学とをはっきりと区別する。しかしまた私はそれによって両者に等しい価値を認める。私はいずれも実在の根底に触れることができると考える。哲学者たちは、認識は相対的であり、絶対的なものには到達できないと主張し、科学者たちもそれに賛同しているが、私はその考え方を排除する。

実際、実証科学は感覚による観察に基づいている。実証科学は、そのようにして得た材料を、抽象化し一般化する能力、判断・推論・知性にまかせて仕上げる。かつて純粋数学から出発した実証科学は、力学・物理学・化学を経由して、やがて生物学に到達した。実証科学の最初の領域はそれが好む領域であるが、それは不活性な物質の領域である。実証科学は有機的な世界では気分が楽ではない。そこでは、物理学と化学に頼らない限り、確実に前進はできない。実証科学は、生命体のなかにある本質的に生命的なものよりも、生命現象にある物理化学的なものを重視する。しかし、実証科学は精神に到達すると、大きな当惑を感じる。それは、実証科学が精神について何らかの認識を得ることができないということではない。しかしこの認識は、実証科学が精神と物質が共有している境界領域から遠ざかるにつれてあいまいなものになる。この新しい領域においては、以前の領域でそうしていたように、論理の力だけに頼っているのでは前進できない。《幾何学の精神》から《繊細の精神》〔パスカルによる精神の分類〕へと方向を転じなければならない。また、どれほど抽象的であっても、このような考え方にはいつもメタファー的なものが含まれていて、その考え方に到達するばあい、あたかも知性は、心的なものを理解し表現するためには、物理的なもののなかに心的なものを移行させなくてはならないかのようである。反対に、科学が不活性の物質に戻ると、純粋な知性から始まった科学は、自分の家にいるように気が楽になる。それは驚くべきことではない。われわれの知性は感覚の延長である。われわれは思考する前に生きなくてはならない。そして生きるためには、自然が与えた道具であるわれわれの器官を用いるにせよ、人工的な器官である普通の道具を用いるにせよ、とにかく物質を利用しなくてはならない。哲学と科学が成立するずっと以前に、すでに知性の役割は道具を作り、まわりの物体に対するわれわれの身体の作用を導くことであった。科学は、知性のこの仕事をずっと先まで進めたが、その方向を変えることはなかった。科学は何よりもまず、われわれが物質を支配するようにすることを目標としている。科学は思考しているときでも、やはり行動に関心を持っているのである。科学理論の価値は、その理論が実在をどれほど確実に捉えているかによって測られるからである。しかしこのことこそまさに、実証科学とその道具である知性に対する、われわれの完全な信頼の根拠になるはずのものではないだろうか。もしも知性が、物質を利用するために作られたとすれば、おそらく知性の構造のモデルは物質の構造であろう。少なくとも最も単純で、最もありうる仮説はこれである。知性がその対象を歪め、変形させ、構築するものであること、あるいは、知性は対象の表層にしか触れず、その外見しか把握しないものであることを、誰かがわれわれに立証しない限り、われわれはこのような仮説に頼らなければならないだろう。ところがこの立証のためにいままでひとびとが提示してきたのは、哲学が陥った解決不能の難問、つまり知性が物ごとの全体について考察するときに、自らに対して持ちうる矛盾でしかなかった。知性はとりわけ部分の研究という宿命を持っているのに、われわれがそれを全体を知るために使うのだと主張するならば、実際にわれわれがこのような難問と矛盾にぶつかるのは当然のことである。しかしそのように言うだけでは充分ではない。われわれの知性のメカニズムと、われわれの科学の進歩とを考察すれば、知性と物質とのあいだには、実際にシンメトリー・一致・対応があるという結論にかならず到達する。一方では、科学者の眼から見ると、物質はしだいに数学的な関係に姿をかえ、他方では、われわれの知性の本質的な能力が絶対に明確に働くのは、その能力が幾何学に適用されるばあいに限られる。なるほど数学は、その起源においては、ギリシア人によって与えられたようなかたちにはならない可能性もあった。またたしかに、数学はどんなかたちのものでも、どうしても人工的な記号を使わなくてはならない。しかし、多くの約束ごとを含む形式化された数学よりも前に、人間の精神にとって自然な、潜在的もしくは暗黙的な数学がある。記号を使わなければならないので、われわれの多くは数学を難解だと考えることになるとしても、精神がこの障害を克服すれば、ほかの学問では見当らないような楽な気分で、数学のなかを動きまわることができる。数学の領域では、明証性は直接であり、理論的に瞬間に与えられるからであり、理解するための努力が、ほとんどのばあい権利としてではなく、事実として存在するからである。これに対して、数学以外のすべての研究領域では、理解するためには、思考を成熟させる仕事が必要である。この仕事は結果と結び付いていて、本質的に持続を満たし、瞬間的であるとは理論的にも考えられないものである。要するに、物質についてはそれが感覚に与える表面的な印象だけを考え、知性については、それが日常的な働きのなかで持っている、あいまいで流動的なかたちだけを捉えるならば、われわれは物質と知性とのあいだにへだたりがあると信じてしまう可能性がある。しかしわれわれが、知性の輪郭を明確にし、物質がその構造の内側を示してくれるように、感覚的な印象を充分に深くするならば、知性の構造のそれぞれの部分が、物質の構造のそれぞれの部分に正確にあてはまることがわかる。だから私には物質についての科学がどうして絶対的なものに到達しないのかがわからない。物質についての科学は自分の守備範囲を本能的に自らのものとし、その結果として、すべての自然的な信仰、すべての外見は、それらが見せかけの性質のものであることを立証しない限り、それぞれ真実として、実在として受け取られなければならない。そうすると、われわれの科学は相対的だと宣言するひとたち、われわれの認識は対象を歪め、作り上げているのだと主張するひとたちに立証の責任がある。そして彼らはこの責任を果たすことができないだろう。というのは、科学と形而上学が、われわれがそれらを位置させている本当の領域に存在しているときには、科学は相対的だという理論には存在できる場所がないからである(2)。

また私は、知性の枠にはいく分かの弾力性があり、その輪郭には不確定なものがあること、そしてまさに知性がこのように不確定であることによって、ある程度まで精神の問題に適用されうるということを認める。物質と精神には共通の側面がある。というのは、物質の表面での振動は、われわれの精神の表面において、感覚として表現されるからであり、また他方、精神は身体に対して作用するためには、徐々に物質の方へ下降して行って、空間化されなければならないからである。その結果として、知性はその外側にある事物の方へ向いているが、深入りしようとしない限り、内側の事物にも作用することができる。

表層の近くで成功している方法を、精神の深層まで押し進めたいという誘惑は大きい。この誘惑のままに進んでいくと、まったく単純に、物体の物理学を模写したような、精神の物理学が得られるであろう。この二つの物理学は、一体になると、時によっては形而上学と呼ばれる、実在についての完全な体系を構成するだろう。このように理解された限りでの形而上学は、物質に属しているものを精神に延長するだけであるから、精神のなかの精神的なものを見失うことになるのであって、そのことがどうして理解されないのだろうか。ある不確定の状態があって、それによって知性の枠が魂の表層の現象に適用できることになるのだが、しかしこの状態のために外側の世界の事象がしっかり把握できないことにもなる。物質に属しているものを精神に延長できるようにするためには、このような知性の枠を使わなければならないことがどうして理解されないのか。物質と精神を同時に包含するこのような形而上学が、ほとんど空虚で、いずれにしてもあいまいな認識という印象を与えるのは驚くべきことであろうか。それは、精神の側からするとほとんど空虚な認識である。というのは、そのような形而上学は、実際には魂の表層的な側面しか捉えることができず、物質の側面からすれば一貫してあいまいだったからであり、また形而上学者の知性は、物質の表層と精神の表層とに対して区別しないで作用するために、歯車を充分にゆるめ、充分なゆとりを持たせなければならなかったからである。

私が科学と並べて位置付けている形而上学は、これとはまったく異なっている。形而上学は科学に対しては、知性の力だけで物質を深く考える能力があることを認めるが、精神を自分の領域のものとする。形而上学にとって精神という固有の領域で、形而上学は思考の新しい機能を発展させようとする。外側の世界の認識よりも、自己の認識に向かう方が困難であることは、誰でも認めている。自己の外側では、学ぶための努力は自然である。その努力はしだいに容易になされ、規則が用いられる。自己の内側では、注意はたえず緊張を求められ、内側に進んでいくことはしだいに困難になる。自然の坂を遡っていくようにも思われるだろう。そこには何か驚くべきことがあるのではないか。われわれは自分自身の内側にいるのであり、われわれの人格は自分で最もよく知っていなければならないものである。しかしけっしてそうではない。われわれの精神は自己の内側にとっては異質のものであり、それに対して、物質はそこでは親しまれていて、物質のなかで精神は安住している。しかしそれは、自己についての何らかの無知が、行動するために外側に出ようとする存在にとって、おそらく有効であるということである。この無知は、生活の必要に対応している。われわれの作用は物質に対してなされるが、それは物質についての認識が深まるにしたがってさらに効果的になる。おそらく、よく行動するためには、自分がこれからすることを考え、してきたことを理解し、なしえたであろうことを想像することが必要である。われわれは自然によってそのように導かれる。それが人間をすべて瞬間の印象で生きている動物から区別する特徴のひとつである。しかし、自然がわれわれに求めるのは、われわれ自身の内側をちょっと見ることだけである。われわれはもちろんこのとき精神を認めるのだが、しかしその精神はあらかじめ物質に適合することによって、また空間的・幾何学的・知性的な何かを自らに与えることによって、物質を加工する準備をしているのである。精神が持っている本来精神的なもののなかでの精神の認識は、むしろわれわれを目標から遠ざける。逆に、事物の構造を研究するとき、われわれは目標に接近する。このように、自然は精神を精神から遠ざけて、精神を物質の方に向ける。しかしいまやわれわれは、その気になれば、精神について与えられた情報をどうすれば無限に拡大し、深め、濃くすることができるかがわかるだろう。その情報が不十分であるのは、何よりもそれが、すでに《空間化》され、物質が入れられる知性の枠のなかで配分された限りでの精神についての情報であるためである。であるとすれば、精神をそれが弛緩している場である空間から、物質の上に重なるようにするために精神が自らに与えている物質性から離脱させよう。つまりわれわれは精神をそれ自体に戻すことができるのであり、何ものも介在させずに精神を把握しなくてはならない。精神がこのように精神を直接に見ることが、私が理解している直観の主要なはたらきである。

しかし、直観は知性によってのみ伝えられる。直観は観念以上のものである。しかし、直観が伝えられるためには、観念の上にまたがらなくてはならない。少なくとも直観は、むしろ最も具体的な観念に向かうが、そのような観念のまわりには、まだイメージから成る境界領域が残っている。ここでは、比較とメタファーが、ことばでは表現しきれないものを示唆するだろう。それはまわり道ではない。われわれは目的に向かってまっすぐに行きさえすればいいであろう。もしもわれわれがいわゆる《科学的な》、抽象的なことばでいつも語っているならば、精神については、物質によるその模倣しか与えられないであろう。というのは、抽象的な観念は外側の世界から得られたものであって、いつも空間的な表象を含んでいるからである。しかしそれにもかかわらずひとびとは精神を分析したのだと考えるだろう。したがって、抽象的な観念だけに頼ると、われわれは物質をモデルにして精神を表象し、移しかえることによって、つまり、ことばの明確な意味でのメタファーによって精神を考えるようになる。外見に欺かれてはならない。イメージを使う言語が意識的に正確に語り、抽象的な言語が無意識的に比喩で語るばあいがある。われわれが精神の世界に立ち入ろうとき、イメージは示唆しか求めないかもしれないが、対象について直接に理解するようにさせてくれる。これに対して抽象的な用語は、その起源が空間的であって、表現すると主張してはいるが、ほとんどのばあいメタファーの領域にわれわれを留めるのである。

以上のすべてを要約すると、私は形而上学と科学のあいだに方法の違いを求めているのであって、価値の違いを認めているのではない。ほかのほとんどの科学者よりも、科学に対して謙虚でない私は、近代のひとたちが理解している限りでの経験に基づく科学が、実在の本質に到達できると考える。たしかに科学は現実の一部分しか把握しない。しかし科学はこの一部分から出発してやがて根底に触れることができるだろう。いずれにしても科学はその根底に限りなく接近するだろう。したがって科学はすでに古代の形而上学のプログラムの半分を消化している。科学が科学という名前を保持したくないというのであれば、形而上学と自称することもできるだろう。しかし残りの半分がある。この半分は、私にとって権利としては形而上学に属しているように思われる。形而上学はやはり経験から出発して、絶対的なものに到達することができるものだからである。もしも科学が現実の残りの部分に自らを限定しないというのであれば、私は形而上学を科学と呼んでもいい。したがって、形而上学は実証科学の上位にあるのではない。形而上学は科学のあとから来て、科学と同じ対象を考察して、それについてもっと高度の認識を得ようとするものではない。形而上学と科学とのあいだにこのような関係を想定するのは、哲学者たちがほとんどいつも行なっている習慣に従ってのことであるが、それは両者に害を与えることにもなる。つまり、科学に対しては相対的だとして非難することになり、形而上学に対しては、仮説的であいまいな認識にすぎないということになる。というのは、科学はその対象について、明確で確実なものすべてを、必然的にあらかじめ自らのものとするからである。私が形而上学と科学とのあいだに設定する関係は、これとはまったく異なっている。私は、両者が同じように明確で確実であること、あるいはそのようになりうるものであると考える。両者は同じ現実を対象にしている。しかしいずれも現実の半分しか把握しないので、両者が思考の活動の異なった方向を示さない限り、両者を科学の二つの部門、もしくは形而上学の二つの領域と考えることもできる。

両者は同じレヴェルにあるから、共通点があり、それらの点において、互いに検証し合うことができる。形而上学と科学とのあいだに品位の違いを設定し、両者に事物の全体という同じ対象を与えて、科学はその対象を低いところから見るが、形而上学は高いところから見るのだとすることは、相互の助力と管理を排除してしまうことである。そうすると形而上学は、実在とのあらゆる接触を失わないまでも、必然的に、科学の凝縮された要約、もしくは仮説による延長になる。そうしないで、科学には物質、形而上学には精神というように、両者に異なった対象を与えよう。

精神と物質は触れ合っているから、形而上学と科学は、両者に共通の表層に沿って、その接触が豊かな結果を生むことを期待しながら、相互に試し合うことができる。両者から得られた結果は互いに結合するはずである。物質は精神と結合しているからである。もしも挿入が不完全であるとすれば、それはわれわれの科学か形而上学かのいずれかに、あるいは両者双方に直すべきところがあるためであろう。このようにして形而上学はその周辺の部分によって、科学に対して健全な影響を与える。また反対に、科学は形而上学に明確さという習慣を伝え、それは形而上学において、周辺から中心へと伝わっていくであろう。形而上学の最先端が、実証科学の最先端にぴったり合致するはずだというだけの理由であるにしても、われわれの形而上学は可能的な世界全体についての形而上学ではなく、われわれが生きている世界についての形而上学になるだろう。この形而上学は実在をしっかりと捉えるだろう。

　それは、科学と形而上学は、その対象と方法が異なっているが、経験のなかで両者はつながっているということである。両者ともに、通常の概念のなかに貯えられ、ことばによって伝達されるようなあいまいな認識を避けるであろう。要するに、われわれは形而上学に対して、科学にとってすでに得られたこと以外の何を求めるというのか。言語のなかに蓄積されてある概念を使って現実を再構成しようとする主張のために、実証科学への道が長いあいだ閉ざされていたのである。《低い》《高い》、《重い》《軽い》、《乾いている》《湿っている》というのが、自然現象の説明のために用いられてきた要素である。ひとびとは概念を測り、調合し、結合した。それは物理学の代わりとしての知的な化学であった。この化学が事物を見つめるために概念を除去したとき、科学もまた知性に対して反抗するように見えた。その当時の《知性主義》は、物質的な対象をアプリオリに要素的な観念で再構成していた。実際にはこの科学は、それが取って代わった悪い物理学よりももっと知性的になった。その科学が真であるということになった瞬間に知性的になるほかはなかった。というのは、物質と知性は相互をモデルとして作られているからであり、物質の正確な像を描く科学において、われわれの知性は必然的に自らのイメージを再発見するからである。そのため、物理学が持つようになった数学的な形式は、同時に、現実に最もよく対応するものであり、われわれの悟性を最も満足させるものである。真の形而上学の位置は、これよりもはるかに不都合である。形而上学もまた、すでに作られてしまっている概念を追放するところから始まるだろう。形而上学もまた経験に頼るであろう。しかし、内的な経験は厳密に適切な言語をどこにも見いだせないだろう。形而上学はどうしても概念に戻って、せいぜいのところそれにイメージを結びつけなければならなくなる。しかしそうすると、形而上学は概念を拡大し、柔軟にしなければならないだろう。また、概念が形而上学のまわりに付けた、色のあるふちどりによってでは、概念は経験全体を含むものではないことを告げなければならないだろう。しかし、近代の物理学がその領域で行なった改革を、形而上学もその領域で行なったことは事実である。

この形而上学に対して、単純な結論や根源的な解決を期待してはならない。そのような期待は、形而上学に対して、概念の操作に依存するように求めることになるだろう。それはまた形而上学を純粋に可能的なものの領域にまかせることでもある。それとは逆に、経験の領域では、不完全な解決と暫定的な結論によってであっても、形而上学の到達する蓋然性はしだいに増大し、最後には確実性と同じものになりうるだろう。伝統的な形而上学の用語で提起されるひとつの問題を取り上げよう。それは、魂は身体の死後も存在するかどうかという問題である。純粋な概念による推論でこの問題を処理するのは簡単なことである。そこでは魂の定義をすることになる。プラトンのように、魂はひとつで単一であると言うひともいるだろう。そこからは、魂は分解できないという結論になるだろう。したがって魂は不死ということになる。これははっきりしている。しかしこの結論は、魂の定義、つまり魂の構築を認めるばあいに限って有効である。魂の不死についての結論は、この仮説に従属している。その結論は仮説的である。しかし、三角形の観念を構築するやり方で魂の観念を構築するのはやめよう。事実を研究しよう。私が考えているように、もしも経験によって、意識的な生の小さな部分だけが脳に支配されていることが示されるならば、脳を除去しても意識的な生はおそらく残るという結論になるだろう。少なくともいまや立証の責任は、魂が身体の死後も存在することを肯定する側よりも、そのことを否定する側にある。魂の存続だけが問題であることを私は認める。もっと高度の明確さに到達し、魂の存続に限りのない持続を与えるためには、今度は宗教に基づく別の理由が必要であろう。しかし、純粋に哲学的な視点からでさえ、もしもということはもはやないであろう。われわれは自分が肯定することを、たとえそれが単に蓋然的なものとして肯定すべきばあいでも、断乎として、つまり形而上学的仮説に頼らないで、肯定するだろう。最初のテーゼには決定的なものの美しさがあったが、単純に可能的なものの領域においては宙に浮いていた。もうひとつのテーゼは未完ではあるが、実在的なもののなかにしっかりした根をおろしている。

生まれつつある科学はいつも独断的になりがちである。生まれつつある科学が使える経験は制限されているので、その科学は事実よりもむしろ単純な観念に基づいて機能する。それらの観念には、事実から示唆されたものもそうでないものもあり、生まれつつある科学はそれらを演繹的に扱う。他のいかなる科学よりも、形而上学はこの危険にさらされていた。内的な経験への道を開くためには、あらゆる除去の仕事が必要である。たしかにわれわれおのおののなかには直観の能力が存在しているが、しかしそれは生にとってもっと役立つ機能によって覆われている。したがって形而上学は、言語のなかにあらかじめ貯えられた概念に基づいてアプリオリに作業をしたが、それはあたかも天上から降りてきたそれらの概念が、精神に対して超感覚的な現実を示したかのようであった。プラトンのイデア論はそのようにして生まれた。イデア論は、アリストテレスの哲学とネオプラトニズムの翼にのって、中世を横断した。それは、近代の哲学者に影響したが、彼らはそれに気付かないこともあった。近代の哲学者はしばしば数学者であり、彼らの精神の習慣は、形而上学を、量と質を包含するもっと大きな数学としてしか見ようとしなかった。決定的なかたちで提起され、総合的に解決される問題の完全な体系としての哲学の大部分には、幾何学的な統一性と単純性があるが、それはこのことによって説明がつく。しかしその理由はほかにもある。近代の形而上学が、宗教の対象と似た対象を引き受けたことも考慮しなくてはならない。近代の形而上学は神性の概念から出発した。したがって近代の形而上学は、ドグマを肯定するにせよ否定するにせよ、ドグマ化せざるをえないと考えていた。近代の形而上学は、理性だけに基づくものではあるが、神学者が啓示から得る判断の確実性と同じものを持っていた。たしかに、なぜ形而上学がこのような出発点を選んだのかということを問うことができる。しかしそれは、形而上学にはほかの出発点を選ぶことはできなかったからである。形而上学は、純粋な概念に基づいて、経験の外側で仕事をしていたので、すべてをそこから導き出し、すべてを含んでいるようなひとつの概念に依存せざるをえなかった。それがまさに形而上学が神について抱いた概念であった。

しかし、形而上学はなぜ神についてそのような観念を作ったのか。アリストテレスが、すべての概念を溶解してひとつの概念にまとめ、普遍的な説明の原理として、善についてのプラトンのイデアと似た《思考の思考》を考え出したこと、アリストテレスの哲学のあとを継いだ近代哲学が似たような道に入ったことは、正確に理解されよう。しかし、それに比べてよく理解できないのは、人間が神ということばでいつも示してきたものとはいかなる共通点もない原理を神と呼んだことである。古代の神話の神と、キリスト教の神とが互いに似ていないことは疑えない。しかし、いずれの神にも祈りが捧げられ、いずれの神も人間に関心を持っているのであって、静的であれ動的であれ、宗教はこの点を根本的なものとしている。そして、それにもかかわらず哲学は、本質からいって人間の望みを何も聞かず、理論的にはすべての事物を包含しながらも、事実としてはわれわれの苦しみに対しては盲目で、われわれの祈りを聞こうとしないような存在を神と呼んでいる。この点を深く考えていくと、説明のための観念と行動のための原理との混同という、人間の精神に生まれつきある混同が見出されよう。事物がその概念に還元され、概念が相互にはまっている状態になると、最後には、すべてを説明すると思われている観念の観念に到達する。実をいうと、この観念の観念はたいしたことを説明するわけではない。というのは、まず第一に、観念の観念は、社会が言語のなかに託しておいた概念、社会がほとんどのばあいその便宜のためだけで作った概念に実在を細分化し、割り当てていることを認めるからであり、その次に、観念の観念がそれらの概念について行なう総合は素材がなくて、単にことばだけのものだからである。問題にされるのは、どうしてこの本質的な点が深遠な哲学者たちの考察の対象にならなかったかということであり、どうして哲学者たちは世界の説明のために自分たちで作った原理の特徴をどんな点であれ示せると考えることができたかということである。彼らはこの原理を、便宜的に記号で表わすだけだったのである。すでに述べたように、《物自体》に勝手に名前を付け、それをスピノザの「実体」、フィヒテの「自我」、シェリングの「絶対者」、ヘーゲルの「イデー」、ショーペンハウアーの「意志」とすることにしよう。それらのことばは、明確に定義された意味というものを持つものとして提示されることはできないだろう。事物の全体に適用するとき、そのことばは意味を失い、あらゆる意味というものを欠くことになるだろう。このような偉大な《総合》のなかで、最後にあげたショーペンハウアーの意志についてだけ語るならば、意志は意志しないものと区別されるという条件のもとでのみ意志であるということは明らかではないだろうか。そうすると、もしも物質それ自体が意志であるとすれば、精神はどのようにして物質と区別されるのか。あらゆるところに意志を認めるのは、どこにも意志を認めないということでもある。というのは、それは持続・噴出、たえまない創造といった、私が自分の内部に感知するものの本質を、物のなかで私が知覚するものの本質と同一視することになるからである。物の領域では、明らかに反復・予見可能性・必然性が存在する。《すべてはメカニズムである》とか《すべては意志である》とか言ってもたいしたことではない。いずれのばあいもすべては混同されている。この二つのばあい、《メカニズム》も《意志》も、《存在》と同じ意味のことばになり、したがって《メカニズム》と《意志》は同じ意味になる。ここに哲学体系の最初の害悪がある。哲学体系は、絶対に対してひとつの名を与えることによって、絶対についてわれわれに教えているのだと考えている。しかし、くり返すことになるが、ことばはひとつの事物を指示するとき、規定された意味を持つことができるものの、あらゆる事物に適用しようとするならば意味を失う。さらに、意志ということばが、意志する私もしくは私に似た存在の能力であるとか、私の意識の飛躍と類似していると想定される、有機体の生の衝動であるという意味に理解されるならば、私には意志が何であるかがわかる。しかし、意志ということばの意味を拡げるにしたがって、その内容が理解できなくなる。その意味の拡がりのなかに物質も含めるならば、自発的な運動をメカニズムと区別し、自由を必然と区別するための積極的な特質が、このことばの内容の理解から失われることになる。また、意志ということばが実在するすべてのものを指示するようになれば、それは実在しか意味しなくなる。単に世界が存在するというかわりに、世界は意志であるといったとして、どういう利益があるというのか。

しかし、このようにして到達したものの、すでに何でもなくなっている、不確定な内容の概念、あるいはむしろ内容のない概念がすべてであることが求められる。そうするとわれわれは宗教の神に訴えることになるが、神は確定そのものであり、その上、本質的に行動的である。神は存在の頂点にある。われわれは、認識の頂点であると誤って考えているものと神とを同じものとしている。そうすると、人間が神に捧げている賞讃と畏敬のいく分かは、神という名で飾られた原理へ移行する。そして、近代哲学の独断論の大半はここに由来する。

実在は経験のなかでのみ与えられうるというのが事実である。この経験は、それが物質的な対象にかかわるときには、視覚もしくは接触と呼ばれ、一般的には外的な知覚と呼ばれるであろう。精神にかかわるときには、直観という名を与えられるだろう。直観はどこまで行くのか。それを語ることができるのは直観だけであろう。直観は一本の糸を捉える。この糸が天まで昇っていくか、それとも地上のある距離のところで止まるかを知るのは直観の仕事である。前者のばあいには、形而上学的な経験は、偉大な神秘主義者たちの経験と結び付くだろう。私は、真理はそこにあると認めてもいいと考える。後者のばあいには、形而上学的な経験と、偉大な神秘主義者たちの経験は、相互に無関係ではあるが、両者が背反するわけではない。いずれにしても哲学はわれわれを人間的な状況よりも高いところに押し上げたことになろう。

　哲学は、精神の問題を物質ということばを媒介にしてではなく、精神ということばを媒介にして立てるとき、また一般的に言って、大半の概念がそのために作られたのではないような仕事に概念を使うのを避けるとき、すでに思考への従属からわれわれを解放している。それらの概念は、ことばのなかに含まれている。それらの概念は、ほとんどのばあい、形而上学的なものをまったく持っていないある目的のために、社会的有機体によって作られたものである。それらの概念を作るために、社会はその必要に応じて現実を切り取った。なぜ哲学は、実在の区切りに対応しないおそれのある区分を認めるのか。しかし通常は哲学はそれを認めている。哲学は、言語によって提起されたかたちでのこの問題を受け入れている。したがって哲学は、すでに用意されてある解決方法を前もって受け取らなければならないか、あるいは、せいぜいのところ、二つないし三つの解決方法のなかから選ぶだけでなければならない。この二つないし三つの解決方法は、問題の提示とともに永遠に存在していて、それらだけが可能な解決方法なのである。むしろ、すべての真理は潜在的にはすでに知られていて、そのモデルは都市の行政上の書類ファイルに収められてあり、哲学は社会がわれわれに与える断片で、それが見せようとしないデッサンを再構成することが求められるパズルだと言った方がいいことになろう。あるいは哲学者には、問題の解答を求められているときに、教師のノートに問題と並べて記されている解答をちょっと盗み見すればわかると思っている生徒のような役割と態度を与えればいいということになろう。しかし、哲学においてもそのほかのばあいでも、実際に重要なのは、問題を解決することよりもむしろ問題を発見すること、つまり問題を提示することである。というのは、思考にかかわる問題は、はっきりと提示されることによって解決されるからである。それは、問題の解決方法は、隠されていたり、いわば覆われていても、その時に実在しているのであって、その解決方法を発見すれば十分だということである。しかし、問題を提示するというのは、単にそれを発見することではなく、問題を作り出すということである。発見は、現実的にもしくは潜在的にすでに実在しているものにかかわる。したがって、発見は遅かれ早かれかならずなされる。問題を作り出すのは、いままで存在しなかったものに存在を与えることであり、けっして実現されないこともありうる。そして数学において、まして形而上学においては、問題を作り出す努力が、問題を惹起させ、問題が提示されるための関係項を生むということが非常にしばしばあるのである。問題を提示することと解決することは、ここではほとんど同じことである。本当に重要な問題が提示されるのは、それが解決されるときだけである。しかし、多くの小さな問題についても同じである。私は一冊の哲学の入門書を開く。その最初のいくつかの章のうちのひとつが、快楽と苦悩を論じている。そこで生徒に対して、《快楽は幸福か、そうでないか》といった問いがなされる。しかしまず第一に、快楽と幸福が物事の自然な区別に対応するものであるのかどうかを知らなければならない。厳密に言うと、この問いは単に《快楽と幸福ということばの普通の意味を考えるとき、幸福は快楽の結果だというべきか》ということを意味するだけであろう。そうすると、提示されているのはことばの問題である。この問題は、《快楽》と《幸福》ということばが、その国語を最もよく使いこなした作家たちによってどのように用いられてきたのかを調べることによってのみ解決されよう。苦労して考えれば得るものがあるであろう。つまり、普通に使われているこの二つのことば、すなわち二つの社会習慣を、もっとよく定義できるだろう。しかし、もっと多くのことをするのだと主張し、約束ごとを明確にするのではなく、実在を把握するのだと主張するのであるならば、おそらくは人工的なそれらのことば（それらのことばが人工的かそうでないのかはわからないが、それはその対象についての考察がまだなされていないからである）が、事物の性質そのものにかかわる問題を提起することがなぜ求められるのか。快楽という名のもとに集められる状態を検討しても、人間が求める状態であるということ以外にはそれらの状態に共通するものが何も見つからないと想定しよう。人類は、かなり異なるそれらの事物を、同じ種類のものとして分類したかもしれない。というのは、人類はそれらの事物に、同じ実践的な関心を認め、それらすべてに同じ仕方で反応したからである。他方、幸福という観念を分析して似たような結論に到達したと想定してみよう。そうすると、問題はただちに消滅する。あるいはむしろ、まったく新しい問題に変わってしまう。その新しい問題について、われわれは何も知らず、快楽と幸福についての一般的観念を作るために、おそらく人工的な見方で社会が外側から捉えた人間の活動そのものを研究するまでは、この新しい問題を提示するためのことばさえもっていないことになるのである。また、《人間の活動》という考え方そのものが、自然な区分に対応しているということを確認しておくべきであろう。われわれが物質の領域を去って精神の領域に向かうとき、実在に固有の傾向にしたがって実在を分割するというところに主な困難が潜在しているのである。

すなわち一般的観念の起源と価値の問題は、あらゆる哲学的問題に関して提起され、それぞれのばあいに個別的な解決を要求する。この問題をめぐってなされる議論が、哲学の歴史を満たしている。おそらく、あらゆる議論の前に、それらの観念がひとつの類を構成しているかどうか、また一般的観念を扱うときこそ、まさに一般的性を避けるべきではないかを問うべきであろう。おそらく、無理に主張すれば一般的観念の一般的観念をも作ることができるだろう。限定されない数の事物を、同じひとつの名でまとめる表象を、一般的観念と呼ぶことにしておけば充分である。そうすれば、大部分の単語が一般的観念に対応する。しかし、哲学者にとっての重要な問題は、どのような操作によって、どういう理由によって、そして特に、実在のどのような構造によって、事物がそのようにまとめられうるかということであり、そしてこの問題には、ひとつ限りの単純な解決は含まれていない。

導きの糸がなければ、心理学はこの領域の探求にあてもなく進んでいくことになると言っておく。行為という精神の仕事の背後には、機能がある。一般的観念の背後には、一般性を考える、もしくは知覚する能力がある。まず第一に、この能力の生命的な意味作用を規定しなければならない。精神の行為と状態と能力との迷宮のなかで、われわれがけっして離してはならない導きの糸は、生物学によって与えられる糸である。生きることが第一だ。記憶作用・想像力・概念化・知覚、そして一般化は、《代価なしで、楽しむために》あるのではない。ある理論家たちの意見によると、精神は心理的な機能を細分化した状態で、天から落ちてきたものであり、それらの機能の存在を確認するだけで足りるように思える。それらの機能がこういうものであるから、このように使われる、ということである。しかし私は、それらの機能が役に立つものであり、生活に必要であるから、そのようなものとして存在しているのだと考える。生活のための基本的な要求が存在することを説明し、機会があればそれを正当化するためには、つまり、特定の能力への通常の細分化が人工的なのか自然なことなのか、したがってその能力を維持すべきか変えるべきかを知るためには、生活のための基本的な要求に即して考えなければならない。心理的な組織の連続性のなかで、その機能を誤って切り取るならば、この機能のメカニズムについてのわれわれの観察のすべてがまちがったものになるだろう。生への要求は、人間・動物、そして植物においてさえも同じであるという、私の方法は人間のなかの本当に人間的なものを無視するおそれがあると言われるだろうか。たしかにそのおそれはある。心理的な生は、一旦切り取って配分してみても、それですべてが終ったことにはならない。人間のそれぞれの能力の増大と変化までもたどらなければならない。しかし、根もとまで掘れば、茎と葉がからみ、もつれている植物を解きほぐすことができるのと同じように、少なくとも精神の活動の恣意的な区分をしないでもすむ機会があるだろう。

この方法を、一般的観念の問題に適用してみよう。そうすると、すべての生命体、おそらくはすべての器官さえも、また生命体のすべての組織も一般化、つまり分類を行なっていることがわかる。というのは、生命体は自分が存在している環境のなかで、最も多様な物質または物のなかから、その生命体の必要に応じうるような部分もしくは要素を集めるからである。生命体はそのほかのものは無視する。したがって生命体は自らに関心のある特徴を取り出し、共通の特性へとまっすぐに向かう。ことばを換えていえば、生命体は分類し、その結果として抽象化し、一般化する。おそらく、ほとんどすべてのばあいに、また多分、人間以外のすべての動物において、抽象化と一般化は、体験されるものであって考えられるものではない。しかし、動物においてでさえ、充分に一般的観念であるためには、反省と何らかの無関心が不足しているだけだというような表象を見出す。そうでなければ、ひとが連れて行く一頭の牝牛はどうして草地の前で止まるのか。それは単にわれわれが草とか草地と呼ぶカテゴリーに入るならば、どの草地でもいいのである。また一頭の馬はどのようにして厩と納屋、道と野原、乾草とカラスムギとを識別するのか。ただしこのように一般性を考え、あるいはむしろ知覚するということは、動物であり、本能と欲求とを持っている限りでの人間の行為である。反省が介入しなくても、また意識が介入しないばあいでさえも、ひとつの傾向によって、最も異なった物から類似性を抽出することができる。類似性はそれらの物をひとつの類として分類し、ひとつの一般的観念を創るが、この観念は思考されるというよりもむしろ演じられるものである。自動的に抽出されたそれらの一般性は、人間のばあいははるかに多い。人間は、本能に対して、本能的な行為を多かれ少なかれ模倣することのできる習慣を付け加えるからである。ここで、完全な一般的観念に移行することにしよう。私が完全な一般的観念というのは、意識的で、反省されていて、意図をもって創られた一般的観念のことなのだが、そうすると、たいていのばあいその観念の根底には、類似性を自動的に集約するという、一般化にとって本質的なものが見出されよう。ある意味では、あらゆる物は異なっているのであるから、相互に似ているものは何ひとつない。しかし、別の意味ではすべてが互いに似ている。というのは、一般性の最も高い段階に到達すると、任意に取り上げた二つの異なった物を含めることができる、何らかの人工的な類がいつも見つかるからである。しかし、不可能な一般化と役に立たない一般化とのあいだに、それに先行するものとして、傾向・習慣・身ぶり・態度、行なわれてしまったか行なわれかけている自動的運動の複合体によってなされる一般化がある。こうした傾向などが、まさに人間のものであるほとんどの一般的観念の起源にある。われわれが知覚すると主張しているさまざまな事物と状態との類似性は、何よりもまず、われわれの身体から同じ反応を得、身体に同じ態度を取らせ、同じ運動を始めさせるという特性をもっており、この特性は、それらの状態もしくは事物に共通のものである。身体は、物質的または精神的な環境から身体に影響を及ぼすことができるもの、身体にとって関心があるものを抽出する。さまざまな作用に波及することによって、そこに類似性を導入し、あるいは類似性をあらわにするのは、さまざまな作用に対する反作用の同一性である。たとえば、ひとつのベルの音は、パンチ、風の一吹き、電流といったきわめてさまざまな刺激からいつも同じ音を引き出し、それによってそれらの刺激を音をだすものに変換し、それらを相互に類似したもの、ひとつの類を構成する個体にするが、それはただベルの音が単にベルの音だからである。ベルはベル以外のものではなく、反作用するとすれば、音を出す以外のことはできない。当然のことだが、態度と運動という物質的な枠のなかに意識をはめ込むことにほかならない表象を、純粋な思考の状態にまで高めるとき、反省は意志的・直接的に、模倣によって、観念にすぎないものである一般的観念を作るであろう。反省は単語によって強く助けられるだろう。単語は表象に枠を与えるが、表象が入っていくその枠は、今度は物体的というよりも精神的である。概念の本当の性質を理解するためには、そして、何らかの成功のチャンスをもって一般的観念についての問題に接近するためには、思考と原動力になる態度もしくは習慣との相互作用につねに依存しなければならないのは確かなことである。一般化とは、根源的には、行動の領域から思考の領域へと上昇していく習慣にほかならないからである。

しかし、一般的観念の起源と構造が一度このように規定され、それが現われる必然性がひとたび確認され、また、一般的観念の人工的な構築による自然の模倣がひとたび認められると、ほかのもののモデルとして役立つ自然な一般的観念がどのようにして可能か、われわれが一般性に変換すればいいだけの類似性を、経験はなぜわれわれに提示するのか、という問題が残っている。

類似性のなかに、事物の根底にかかわるものがあるのはたしかである。そうした類似性から一般的観念が生まれてくる。それらの一般的観念は、何らかの点で個人・社会の便宜と相関しているが、実在のある側面についての多少とも近似的な見方を得るためには、科学と哲学はこの鉱脈からそれらを掘り出すだけでいいのである。そのような一般的観念はきわめて少数であり、ほとんどの一般的観念は、会話と行動を目的として、言語のために社会が準備したものである。それにもかかわらず、私がこの論文で特に論じている、社会が準備した一般的観念のなかにさえ、一連の媒介により、あらゆる種類の操作・単純化・変形をへて、本質的な類似性を反映する少数の観念と結びついた、数多くの一般的観念が見出される。多少とも長い回り道をへて、それらの一般的観念とともに、それらが結び付いている類似性にまでさかのぼるのは、しばしば有益であろう。したがって、ここで括弧を開き、実在そのものに内在する客観的な一般性と呼べるものについて考察するのは、けっしてむだではない。そのような一般性の数は限られてはいるが、それ自体としても、まったく人工的な類に対して何らかの安定性を与えることによって周囲にもたらす信頼感によっても重要なものである。それは、大量の紙幣が、それに残されたわずかな価値を、金庫のなかの黄金に負うことができるのと同じであろう。

この論点を深めれば、類似性は三つの群に分類することが認められると私は考える。そしてその第二番目の群は、実証科学の発展にともなって、さらに細分化されなければならないだろう。第一の群の類似性の本質は生物学的なものである。この類似性は、あたかも生命体がそれ自体で類と種の観念という一般的観念を持っているかのように、あたかも生命が有限数の構造面に従っているかのように、あたかも生命が生命の一般的な特性を作り上げているかのように、さらには特に、あたかも生命が、遺伝の伝達（生まれながら持っているものについて）と、もっと緩慢なあるいはさらに速やかな変形という二重の効果によって、生命体をヒエラルヒー的な系列に配分しているかのように進行することと関連している。そして生命体をヒエラルヒー的な系列に配分するときには、個体間の類似性が生命体が高級になるにしたがってその数が多くなるような段階に沿ってなされることになる。目的性ということばで示すにせよ、生物に知性を模倣するような特別な性質を与えるにせよ、あるいは中間的な仮説にくみするにせよ、種や類に細分化する根拠は、原則としては実在そのものにあり（たとえ事実としてはわれわれの分類が不正確であるとしても）、この細分化が一般的観念として表現される一般性である。そして理論としては、生命体の器官・組織・細胞、そして《行動》にも対応する一般的概念も実在に根拠があるであろう。——いまや、有機体から無機体へ、生命のある物質から、人間によって情報を与えられていない、動かない物質へと移行するとき、われわれは実在する類を発見するが、それはまったく異なった特徴を持っている。たとえば、色・味・匂いのような性質、酸素・水素・水のような元素または化合物、重力・熱・電気のような物理的な力である。しかしここで一般的観念としてまとめられる個体の表象を相互に接近させるのは、まったく別のものである。細かい論点には入らず、ニュアンスを考えて議論を複雑にすることは避けるが、私の区別にありうる極端なものをあらかじめ和らげておき、《類似》ということばに、最も明確ではあるが最も狭い意味を与えることにして、私は第一のばあいには接近の原理は本来の意味での類似性であり、第二のばあいには同一性であるといいたい。赤味を帯びた色調は、それが見えているあらゆる物において、それ自体と同一でありうる。同じ高さ、同じ強度、同じ音色の二つの音についても同様のことがいえよう。また、まちがっているにせよ、正しいにせよ、われわれが物質について深く考え、化学を物理学に、物理学を数学に変換させていくにしたがって、われわれは同じ元素、同じできごとへと向かっているように感じる。ところで、単純な論理で、類似性は部分的な同一性であり、同一性は完全な類似性であると主張しても無意味である。経験はわれわれにそれとはまったく異なったことを教える。もしも《類似性》ということばに、最初与えたような、あいまいでいわば通俗的な意味を持たせることをやめ、《同一性》と比較して《類似性》を明確に規定しようとするならば、同一性は幾何学に属し、類似性は生命に属しているものであることがわかると私は考える。前者は計測に依存し、後者はむしろ芸術の領域に存在する。進化論を主張する生物学者に、生物の形態の関連性を想定させ、そこに最初に類似性を見出させるのは、しばしばまったく美的な感情である。その生物学者が描くデッサンそのものは、時として画家の腕を、そして特に画家の眼を示すことがある。しかし、もしもこのようにして同一のものが類似するものとははっきり区別されるならば、新しいカテゴリーの一般的観念についても、ほかのカテゴリーのものについても、それを可能にするものを探求すべきであろう。

そのような探求は、物質についてのわれわれの認識がさらに進んだ状態のなかでのみ達成されうるものである。ここでは、生命についての考察を深めることによって導かれる仮説についてひとことだけ言っておく。もしも非常に多くの異なった場所に（少なくともわれわれの眼にとって、そして少なくとも近似的に）、同じ緑が存在するとすれば、また同じことがほかの色についても言えるとすれば、さらに、色の差異が、色の知覚としてわれわれが凝縮する基本的な物理的現象の頻度に依存するものであるならば、その頻度があらゆる時に、あらゆる場所で特定の色をわれわれに提示する可能性は、可能なあらゆる頻度が、いたるところでつねに現実化されることに（おそらくそれには限界があるが）由来する。それゆえ必然的に、われわれが知覚する多様な色に対応する頻度は、いつ、どこでであっても、他の頻度のあいだで生ずることになろう。ここで、類の構成を可能にする同一なものの反復には、これ以外の起源はない。現代の物理学は、質についてのわれわれの区別の背後にある数の差異をしだいに明らかにしているので、類についてのこの説明は、生命のない物質世界に見出されるすべての類、すべての基本的な一般性（ほかの一般性を作るためにわれわれによって作られることができる）についてあてはまるだろう。たしかにこの説明は、われわれの知覚が頻度の広大な領域のなかで、多様な色を作るこの特定の頻度をなぜ捉えるのか、それもまず最初に、なぜ知覚が頻度を捉えるのか、そしてその次にはなぜ特定の頻度を捉えるのかを語らない限り、充分な満足を与えるものではない。この特別な問題に対して、かつて私は生命体を量と質とに関して規定される行動能力であると定義することによって答えておいた。物質からわれわれの実在的な知覚を抽出するのは、このような潜在的な行動である。この知覚は潜在的な行動が自らを導くのに必要とする情報であり、まったく緊張していない事物の持続のなかで生ずる無数のできごとを、われわれの持続のなかの一瞬に凝縮することである。緊張のこの差異こそ、物理的な決定性と人間の自由との二重性・共存性を説明すると同時に、両者の距離を測るものにほかならない[3]。もしも、われわれが考えているように、人類もしくは人類と同じ性質を持つ存在の登場が、地球上の生命の存在理由であるならば、あらゆる種類の知覚、それも人間の知覚だけではなく、動物の知覚も、そして植物の知覚さえ（植物は知覚を持っているかのような姿を示すことができる）、およそはこの凝縮のためのある段階の大きさの選択に対応するというべきであろう。これはひとつの単純な仮説である。しかしそれは物質の構造についての物理学による考察から自然に帰結された仮説である。もしも私の知覚が、そしてその結果としての私の行動が、机の物質性を構成する要素、あるいはむしろできごとが対応している段階の大きさにしたがってなされるとするならば、いま私が書くために使っているこの机はどうなるのか。私の行動は消えてしまい、私の知覚は、私が机を見ている場所で、私が机を見つめている短いあいだに、広大な宇宙と、それに劣らず無限に長い歴史を包括するだろう。動いているこの巨大なものが、それに対して私が働きかけるために、どうして不動で固定された、単なるひとつの長方形になりうるのかは理解できなくなるだろう。それは、すべての事物、すべてのできごとについても同様であろう。われわれが生きているこの世界が、それを構成する部分相互の作用・反作用とともに、そのような世界として存在しているのは、大きさの諸段階のなかから一定の選択をしているからであり、またその選択は、われわれの行動する力によって決定される選択である。しかしそれは、ほかの選択に対応して、同じ場所で、同じ時に、ほかの世界が存在するのを妨げるものではない。これは多くの放送局が、同時に多くのコンサートを放送しても、どの音楽の音もほかの放送局の音と混合しないで共存するのと同じである。そのばあい、それぞれの音楽は、受信のために放送局の波長を選ぶ装置によって、完全に、それだけを聴くことができるからである。しかし、われわれが本論の途中で出会ったにすぎない問題についてはこのぐらいにしておこう。知覚に基づいた概念作用、物質の特性・作用に対応する一般的観念が、事物に内在する数学によってのみ可能であり、現に存在しているということを立証するためには、物質の内的構造についてひとつの仮説を立てる必要はない。一般的観念を幾何学的なものと生命的なものに分けて、後者は類似性を、前者は同一性を示すものだとする分類の正当性を示すために想起しておきたいと思ったことは以上に尽きる。

ここで私は以前に予告しておいた第三の種類の一般的観念、すべての人間の省察と行動とによって作られる一般的観念へと進まなくてはならない。人間は本質的には物を造る存在である。たとえば昆虫は、完全にでき上がっている道具を自然から与えられているが、人間にはそのような道具は自然から拒否されている。しかし、自然は人間に知性を与えた。知性とは、限りなく多くの道具を発明し、作る能力のことである。ところで、物を造る作業は、どんなに単純なものであっても、知覚されるか想像されるひとつのモデルに基づいてなされる。このモデルそれ自体、もしくはその構築の図式が規定する類は実在するものである。このように、われわれの文明全体が、われわれが自分たちで作ったためにその内容を適確に知っているいくつかの一般的観念に基づいている。またそれらの一般的観念は、それなしではわれわれが生きていけないものであるから、計り知れない価値を持っている。観念一般が絶対に実在し、おそらく神的でもあるという確信の一部はそこに由来する。われわれは、この確信が古代哲学において、また現代の哲学においても、どのような役割を演じているのかを知っている。すべての一般的観念は、それらの観念のいくつかが持っている客観性を利用している。人間が物を造る行動は、単に物質に対してのみなされるものではないことを付言しておこう。私が示した三種類の一般的観念、特に三番目の一般的観念を手に入れれば、われわれの知性は一般的観念の一般的観念と呼ばれるものを入手できたと考える。そうするとわれわれの知性は、思うがままに一般的観念を構築することができる。当然のことであるが、知性は社会生活に最も都合のいい一般的観念、あるいは単に社会生活と関係する一般的観念の構築から始める。その次に、純粋な省察にかかわる一般的観念が来るだろう。そして最後に、何の目的もなく、楽しみのために作られる一般的観念が来ることになる。しかし、三種類の一般的観念のうちの最初の二つに属さないほとんどすべての観念にとって、つまりほとんどの一般的観念にとって、それらの観念が成立するのは、個人への関心とともにある社会への関心であり、会話と行動への要求である。

あまりにも長いこの括弧を閉じることにしよう。それを開かなければならなかったのは、もっと直観的な哲学に向かうためには、概念的な思考をどの程度まで改革し、また時には避けるべきであるのかを示すためであった。すでに述べたように、この哲学はすでにできている対象についての社会的な見方から離れていることがきわめて多い。この哲学は、その対象を作る行為に、われわれが精神的に参加することを求める。したがってこの哲学は、特別な点に関しては、われわれを神的な方向に連れ戻すであろう。実際に、個人の思考がそのままのかたちで社会的な思考のなかへ入っていくのを認め、あらかじめ存在している観念を、共同体が提供するまったく別の道具として利用する個人の思考の仕事は、まさに人間的である。生の飛躍《エラン・ヴィタル》のなかに自らを再び投入する精神の努力には、それがいかに目立たないものでも、すでにほとんど神的なものがある。生の飛躍は、観念を生み出す社会を作るものである。

この努力は、形而上学者、つまりわれわれおのおのにとりついている、いくつかの亡霊のような問題を取り除くであろう。私が言いたいのは、困難で解決できない問題、つまり、存在するものについてではなく、むしろ存在しないものについての問題である。《なぜ、物質・精神、あるいは神といった何かが存在することができるのか。それにはひとつの原因が、さらに原因の原因が必要だったはずであり、それが無際限に続く。》――これが存在の起源の問題である。したがってわれわれは、原因からさらにその原因へとさかのぼる。そして、もしもわれわれがどこかで立ち止まるとしても、それはわれわれの知性がそれ以上の探求をしないということではなく、深淵に直面しているかのように、めまいを避けようとして、われわれの想像力が最後には眼を閉じるからである。それはまた、次のような秩序一般の問題でもある。《なぜ秩序のあるひとつの実在があり、そこで鏡のなかでのようにわれわれの思考は自らを再発見するのか。なぜ世界は不整合ではないのか。》私は、それらの問題は、存在しているものよりもむしろ存在しないものにかかわると言っているのである。実際われわれは、暗黙のうちに、物質・精神・神といった何かが、存在しないこともありうると認めるのでなければ、それらが存在していることについて驚きはしないだろう。われわれは、存在は空虚を満たすために到来するのであり、論理的には、存在の前に無があったと考えるか、あるいはむしろそのように考えていると信じている。そうすると、物質・精神、あるいは神と呼ばれる原初の実在が無にさらに付け加えられることになるが、それは理解できないことである。同じように、無秩序が秩序に服従し、したがって少なくとも観念的には秩序よりも先に無秩序が存在することを想定しない限り、なぜ秩序があるのかは問えないことになるだろう。そのため、秩序についてはその説明をしなければならないが、無秩序は権利として存在しているので、説明の必要がないだろう。このような視点は、単に理解だけを求めるばあいには、いつまでもそれに拘泥してしまうおそれがあるものである。だから、理解するのではなく、さらに生み出す努力をしよう（もちろんそれは思考によってのみできることだが）。われわれが自分たちの意志を膨張させ、意志のなかに思考をもう一度吸収させ、事物を生み出す努力にわれわれれがもっと共感するにつれて、それらのたいへんな問題は後退し、小さくなり、消滅する。というのは、ひとつの意志もしくはきわめて創造的な思考は、無限の実在のなかでそれ自体であまりにも充分に充足していると思われているので秩序の欠如もしくは存在の欠如の観念はそれに少しでも触れることさえできないと感ずるからである。絶対的な無秩序の可能性を考えること、ましてや無の可能性を考えることは、すでに述べたような意志または思考にとっては、その意志・思考がまったく存在しない可能性がありうることになり、力というその本性と相容れない弱さがあるということになるだろう。われわれがこの意志または思考に向かうにしたがって、正常で健康な人間を悩ます疑いは、異常で病的なものに見えてくる。窓を閉めたものの、それを確かめに戻り、確かめたことをまた検証するといった行動をくり返すときの悩みを想起してみよう。もしもわれわれがそのひとにその動機をたずねるならば、彼は、窓をもっとよく閉めようとして、そのたびごとに窓がまた開くようにしてしまったかもしれないからだと答えるだろう。また、もしもそのひとが哲学者であれば、彼の行動のためらいを、次のようなかたちの問題に知性的に転換するだろう。《自分のしたいと思ったことをしたことについて、どのように確信し、また決定的に確信するのか。》しかし実は、彼の行動の力がそこなわれているのであり、それこそが彼がかかっている病気なのである。彼は行為をなしとげる意志は半分しか持っていなかったのであり、なしとげられた行為が彼に半分の確信しか与えないのはそのためである。さて、このひとが提起している問題を、われわれは解決できるだろうか。解決できないことは明らかである。しかしわれわれわれはそういう問題を提起しないのであり、それがわれわれの優越性である。一見すると、私は自分よりもこのひとのなかにより多くのものがあると考えるかもしれない。というのは、われわれ二人はいずれも窓を閉めたとき、彼は哲学的問題を提起しているが、私は提起していないからである。しかし、窓を閉めるという作業のあと、彼によって付け加えられた問題は、実際には否定的なものを表わしているにすぎないのである。それはプラスではなく、マイナスである。つまりそれは意志の不足である。これこそ、われわれが生産的な思考の方向に自らを位置付けるとき、いくつかの《大問題》がわれわれに与える影響にほかならない。われわれがこの生産的思考に接近するにつれて、大問題はゼロに向かう。それは生産的思考とわれわれのあいだにある距離にほかならないからである。そうするとわれわれは、それらの問題を提起しないよりも提起するほうが、より多くのことをしているのだと考えているひとの錯覚を暴くことになる。これは、半分飲んでしまったボトルの中味は、飲んでいないボトルの中味よりも多いのであって、それは後者にはワインしか入っていないが、前者にはワインのほかに空虚もあるからだ、と考えるのと同じである。

しかし、われわれが直観的に真なるものを知覚すると、われわれの知性は立ち直り、自らを修正し、その誤りを知的に表現する。知性は示唆を受け入れ、検査をする。空中から飛行士が認めた漂流物を、ダイバーが海底で触れようとするように、概念の世界に潜り込んだ知性は、綜合的で知性を超えた視覚の対象になったものを、ひとつひとつ、接触によって、分析的に検証するだろう。外部からの指示がなければ、ありうる錯覚についての思考は、知性に触れることさえなかったであろう。というのは、知性の錯覚は知性の本性の一部をなすからである。眠りから覚まされた知性は、無秩序や無、そしてそれらと同類のものの観念を分析するだろう。たとえそれが一瞬のことであり、追い払われた錯覚がすぐにまた現われるとしても、知性は、ひとつの配列の除去はそれに代わる別の配列が現われない限り不可能であり、物質の除去は、別の物質で置き換えない限りできないということを認めるだろう。したがって、《無秩序》と《無》は、実際にはひとつの現前を示している。それは、われわれの関心を惹くこともなく、われわれの努力もしくは注意を失望させるようなひとつの事物もしくは秩序の現前である。この現前を不在と呼ぶときには、そこにはわれわれの失望が表現されている。したがって、すべての秩序、すべての事物の不在について語ること、つまり、絶対の無秩序と絶対の無について語ることは、意味を欠いたことば、声の息を発するということである。なぜなら、排除は二つの面のうちの一面だけから見た単なる代置にすぎず、すべての秩序とすべての事物の廃棄は、ひとつの面だけでの代置になり、それは、円い四角という考え方と同じように実在性のない考え方だからである。したがって、哲学者がカオスと無ということばを口にするとき、彼は思考の領域に、実践のために作られ、すべての秩序、すべての物質とではなく、特定の種類の物質または秩序と関係している二つの観念を持ち込んだだけである。この二つの観念は、絶対にまで高められ、それによってすべての意味、すべての効果的内容を失っているものである。そうすると、秩序の起源と存在の起源という二つの

問題はどうなるのか。それらの問題は消滅してしまう。というのは、この二つの問題が提起され
るのは、われわれが存在と秩序とを《不意にやってきたもの》として、したがってまた、無と無
秩序とを可能的なものとして、あるいはせいぜい概念化できるものとして考えるばあいに限られ
るからである。そして、そこにあるのはことばにすぎず、観念の幻影にすぎないのである。
人間の思考は、この確信に満ち、この妄執から解放されれば、ただちに呼吸をするようになる。
思考は、その前進を遅らせてきたさまざまな疑問で悩むこともなくなる。[4]思考は、たとえば古代の懐疑論や近代の批判哲学によって、次々に引き起こされた難問が消滅していくのを見る。人間の思考は、カントの哲学や、カント主義に基づく《認識論》の傍らを通りすぎていくこともできるだろう。人間の思考はそこにとどまってはいないだろう。実際、『純粋理性批判』のすべての目的は、整合的でないとされる素材に、どのようにして一定の秩序が付加されるのかを説明することである。そして、この説明に対してわれわれがどれほどの代価を支払わされるかはよく知られたことである。人間の精神は、どこからか与えられた《感覚的多様性》に、自らの形式を押しつけるだろう。事物のなかにわれわれが見出す秩序は、そこにわれわれ自身が身を置く秩序であるだろう。その結果、科学は正当なものになるが、しかしそれはわれわれの認識能力に対して相対的であり、また、科学の外側に認識はないのであるから、形而上学は不可能になるだろう。このようにして人間の精神は、悪いことをして立たされている小学生のように、片隅に追いやられ、現実をあるがままに見ようとしてふり向くことが禁じられている。絶対的な無秩序という観念が、

矛盾しているか、あるいはむしろ存在しないものであることを認めなかったとしても、これ以上に自然なものはない。絶対的な無秩序というのは、二つの秩序のあいだでの精神の揺れ動きを示すことばにすぎない。したがって、無秩序が論理的もしくは時間的に秩序に先行すると考えるのは不合理である。カント主義の功績は、自然な錯覚をあらゆる結果へと展開させ、最も体系的なかたちでこの錯覚を提示したことである。しかしカント主義はこの錯覚を保持し、それに基づいてさえいる。この錯覚をなくそう。そうすれば、われわれは科学と形而上学とによって、ただちに人間の精神に絶対の認識を回復させることになる。

だから、もう一度出発点に戻ることにしよう。すでに述べたように、哲学をさらに明確にし、もっと特殊な問題を解決させるようにし、哲学を実証科学を助け、必要ならば実証科学を改革するものにしなければならない。すべての可能なもの、そして時にはすべての不可能なものをも包含するような大きな体系はもはや必要ではない。実在するもの、物質と精神とで満足しておこう。しかし私の理論に対しては、実在するものをしっかりと包んで、理論と実在するものとのあいだに、それ以外の解釈が入りこめないようにすることを求めよう。そうすれば、ひとつの科学しか存在しないように、ひとつの哲学だけが存在することになるだろう。いずれも、集団的で、漸進的な努力によって作られよう。たしかに、哲学的方法の改善は、かつて実証科学がなしとげた改善と対称的でそれを補うものとして求められるだろう。

このような理論は、一部のひとたちによって、科学と知性とを攻撃するものであると見なされた。これは二重の誤りである。しかしこの誤りは教訓的であって、それを分析することは役に立つであろう。

第一の論点から始めるが、一般的に言って、科学を攻撃しているといって私を批判したのは、本当の科学者ではないことに注目したい。彼らのなかには、私の見解のうちのひとつを批判できたひとがいる。それはまさにその科学者が私の見解を科学的だと判断したからであり、私が純粋な哲学の問題を、彼が能力を発揮できると感じている科学の領域に移したからである。もう一度言っておくが、私は科学によってチェックされ、また科学を前進させることができるような哲学を求めたのである。そして私はそれに成功したと考えている。というのは、心理学・神経学・病理学・生物学が、最初は逆説的だと判断されていた私の見解を次第に認めるようになったからである。しかし、それらの見解が逆説的なままであったとしても、けっして反科学的ではなかったはずである。私の見解は、科学と共通の境界を持ち、それによって多くの点で検証の対象となりうる形而上学を作るための努力をいつも示すものであった。この境界に沿って進んだことがなくても、また、そのような境界がひとつ存在していて、形而上学と科学がそこで接触しうるということを認めさえすれば、私が実証科学に与えている位置がすでに考慮されたということになる。すでに述べたように、どの哲学も、どの実証主義も、実証科学をこれほど高く評価してはいない。形而上学に対してと同じように、私は科学に対して、ひとつの絶対に到達する力を与えた。私が科学に求めたのは、科学的であり続けること、無知なひとたちや生半可な科学者たちに、科学という仮面をかぶって提示される無意識的な形而上学と重ならないようにすることだけであった。半世紀以上にわたって、この《科学主義》が形而上学を横断して存在していた。直観のあらゆる努力が最初から挫折させられていた。直観のあらゆる努力は、科学的だと思われている否定にぶつかって壊れた。いくつかのばあいに、そのような否定が本当の科学者によって提示されたのは事実である。実際、それらの本当の科学者たちは、科学から導いてきたと主張されていた悪しき形而上学に欺かれていたのであり、悪しき形而上学は間接的に科学に戻ることによって、多くの点で科学をだめにしてきたのである。その悪い形而上学は、ばあいによっては観察者と事実とのあいだに介入することによって、観察を歪めるまでにいたった。私は、明確ないくつかの例、特に失語症の例について、その論証ができたと考えたが、それは哲学にとっても科学にとってもきわめて役立つものであった。しかし、このような考察ができるほどには形而上学者や科学者であるわけではないと考え、論理の内容には関心がなく、その理論の方法も知らないとしても、この方法の適用を少しでも注意して見るならば、最も小さな問題に取りかかる前に、その方法がどのような科学的な防壁工事を求めているかがわかるであろう。私が科学に与えている位置を知るためには、それ以上のことは必要がない。しかし実際には、私が理解する限りでの哲学研究の主な難問はそこにある。抽象的な観念について推論することはたやすい。形而上学的な構築は、少しでもその素質がありさえすれば、ほんの遊びにすぎない。おそらく、精神を直観によって深く考察することは、もっと困難なことであろう。しかし、どの哲学者も長いあいだ連続してその仕事をするのではない。哲学者は、そのたびごとに、知覚できる状態にあるものをただちに知覚するだろう。その代わりに、もしもわれわれがこのような方法を用いるとすれば、どれほど準備的な研究をしても足りず、どれほど学習しても十分ではない。ここにひとつの哲学的な問題があるとしよう。われわれはその問題を選んだのではなく、それに出会ったのである。その問題がわれわれの進路を妨げているのであるから、その障害を取り除くか、哲学することをやめなければならない。言い逃れは不可能である。注意力を眠らせ、夢のなかで、前進しているという幻想を与える弁証法の技巧とは別れなければならない。困難は解決されなくてはならず、問題はその要素に分解されなければならない。どこへ連れていかれるのかは誰にもわからない。新しい問題がかかわる科学がどのようなものかさえ、誰にも言えないだろう。それは、われわれにとってまったく無関係な科学であるかもしれない。どのように言えばいいのだろうか。その科学と知り合うだけでは不充分であるし、その科学をずっと深めたとしてもまだ不充分である。ときには、新しい問題を惹起した事実と理由とにぴったりと合わせることによって、その科学のいくつかの方法・習慣・理論を改革しなければならない。そうすることにしよう。われわれは自分の知らない科学の勉強を始め、それを深め、必要があればその科学を改革するだろう。しかしそのために数か月もしくは数年が必要だとすればどうなるのか。われわれは必要なだけの時間をそれに費すだろう。それでも、一生かかっても足りないとすればどうなるか。何世代もかかって目標に着くことになるだろう。どんな哲学者も、いま哲学全体を構築する義務はない。これが私が哲学者に向けて述べることばである。これが私が哲学者に提案する方法である。この方法は、哲学者の年齢に関係なく、彼がふたたび学生になる準備をすることを求める。

実を言えば、哲学はその間近に来ている。すでに、いくつかの点において変化が生じている。私の見解には、最初に示されたときは一般には逆説的だと判断されたものもあるが、これらの見解のうちのいくつかは、今日では当然のものとされており、そのほかのものも当然のものとなりつつある。それらの見解が、最初は受け入れられなかったことを認めよう。根深い習慣や自然の真の延長から脱け出さなければならなかったはずである。実際、話し、考え、知覚するすべてのやり方には、不動性と不変性が権利として存在していること、運動と変化が、偶有性のように、それ自体は運動しないもの、それ自体は変化しないものに付け加えられることが含まれている。変化の表象は、実体のなかで継起する性質もしくは状態の表象である。それぞれの性質、それぞれの状態は、安定したものであるだろう。変化は、それらの性質・状態の継起だからである。実体の役割は、継起する状態と性質とを支えることであるから、実体は安定そのものということになるだろう。これがわれわれの言語に内在し、アリストテレスによって決定的に定式化された論理である。すなわち、知性の本質は判断することであり、判断は述語を主語に帰属させることによってなされる。主語は、人がそれに名を与えるということだけで、不変なものとして規定される。変化は、この主語について順次に確認される多様な状態のなかに存在するだろう。ひとつの述語をひとつの主語に、安定したものを安定したものに割り当てることによって、われわれは自分たちの知性の性向にしがたい、われわれの言語の要求に応じ、そして結局は自然に従うのである。というのは、自然は人間が社会生活をするようにあらかじめ決めておいたからである。自然は共同での仕事を望んだ。この仕事が可能になるのは、われわれが一方に主体という絶対に決定的な安定性を置き、他方には、やがて属性であることがわかる、性質と状態という暫定的に決定的な安定性を置くばあいであろう。われわれが主語を述べるとき、実体は不変のものとして認められているのであるから、話す相手がすでに持っている知識に、われわれのコミュニケーションを付け加えることになる。それによって、話す相手は自分たちの注意をどの点に向ければいいかがわかる。そうすると、われわれが彼らに与えたいと思っていた情報が届くが、実体を導入することによって、われわれはその情報を彼らに期待させると同時に、その情報は属性によって彼らにもたらされるものである。しかし、自然があらかじめわれわれに対して、変化と運動を偶然のできごとと見るようにさせ、不変性と不動性を、本質もしくは実体として、すなわち支えるものとして考えるようにさせているのは、単にわれわれに社会生活をするようにさせ、社会組織のためのあらゆる適合性を与え、こうして言語を必要なものにすることによってではない。われわれの知覚それ自体が、この哲学に沿って進行するということを付け加えなければならない。われわれの知覚は、延長の連続性のなかで、考察されているあいだは不変なものとして扱われうるように明確に選ばれてある物体を切断する。その変化が強すぎて、われわれにそのために打撃を与えるほどであるばあいには、われわれがかかわっていた状態は別の状態に変わったのだとされ、この別の状態はこれ以上変化しないと考えられる。ここでも、われわれの言語と思考の大きな線を描いてきたのは、個人と社会の行動を準備するものとしての自然なのである。そしてそのとき自然は、われわれの言語と思考とを一致させることはせず、両者の関係の大部分は、偶然と変化にまかせておく。このことを納得するためには、われわれ人間の持続と、物の持続と呼ばれうるものとを比べれば足りるだろう。それらは、きわめて異なった二つのリズムであり、われわれの時間のなかでの、知覚できる最小のインターヴァルにおいて、何兆回かの振動、あるいはもっと一般的には、何兆回かくり返される外部のできごとが含まれるように計算されたリズムである。展開させるのに何百世紀もかかるようなこの無限の歴史を、われわれはひとつの不可分の綜合されたものとして把握する。このように、知覚・思考・言語、そして個人的もしくは社会的な精神のあらゆる活動が、われわれに物の存在を眼の前にあるようにさせる。それらの物を、われわれが考察しているあいだは、不変で動かないものと見なすことができる。それは、われわれが自分自身を含んだ人間を前にしたとき、それらの人間もわれわれの眼にとっては物になり、そのことによって、不変の実体になるのと同じである。これほど根の深い傾向を、どのように押し止めることができるだろうか。人間の精神にその習慣的な操作の方向を逆にさせ、実在そのものと見なされている変化と運動とを出発点にし、また、停止と状態のなかに、運動から切り取ってきたスナップ写真のようなものとしてしか見ないようにさせるにはどうすればいいであろうか。たとえ思考の習慣的な歩みが会話・協力・行動にとって実際に役立つものであり、便利であるとしても、そのような歩みは、逆方向から考えられているために、いまも将来も解決不能な哲学的問題に行き着くであろうということを、人間の精神に示さなくてはならなかったのである。どんな認識も相対的であり、絶対的なものに達することが不可能だと結論づけられてしまったのは、まさしくこれらの哲学的問題を解決不能と見たからであり、またそうした問題の提起がまちがってなされているようには見られなかったからである。私が哲学し始めたとき、ほとんど一般的な精神の態度であった実証主義とカント哲学の成功の主な理由はここにあった。何かに還元できないアンチノミーの本当の原因がわかるにつれて、屈辱的な態度を少しずつ捨てていかなくてはならなかった。それらのアンチノミーは、人工的に作られたものである。それらは事物の根底から生じたものではなく、行為のなかで身についた習慣を、自動的に思考へと移行させた結果生じたものである。知性が無頓着につくり上げたものを、知性の努力によって壊すことができた。そしてそれは人間の精神にとってひとつの解放になるであろう。

また、次のように言っておこう。提案される方法が理解されるのは、それをひとつの実例に適用するばあいに限られる。このばあい、実例は完全に発見されていた。われわれは自分のさまざまな状態を、空間化された時間のなかに並置するが、その並置されたものの下にある内的な生を把握し直すのが重要なことであった。この経験は誰にもできることであった。そして、この経験を望んだひとたちは、自我の実体性を持続そのものとして容易に表象することができた。すなわち、すでに述べておいたように、ひとつのメロディの連続性は、分割も破壊もできないものである。この連続性においては、過去が現在に入りこんで、現在とともに分割されていないひとつの全体を作る。このひとつの全体は、瞬間ごとにそれに付け加えられるものがあるにもかかわらず、あるいはむしろそれに付け加えられるものがあるために、分割されていないままであるだけではなく、分割不可能でさえある。われわれはこの全体について直観を持っている。しかし、われわれがこの全体についての知性による表象を求めると、ネックレスのパールのように互いに区分されるもろもろの状態を次々に並べてそのネックレスをつないでおくためには、パールには似ても似つかない、また何ものにも類似していない一本の糸、空虚な実体、単純な単語が必要になる。直観がわれわれに与えるのは、知性が空間的に転位させたもの、メタファー的な翻訳しか捉えてはいないものである。

以上が、われわれ自身の実体についてはっきりしていることである。事物の実体についてはどのように考えるべきであろうか。私が研究論文を書き始めたころ、物理学は物質の構造についての考え方を新しくするような決定的な展開をまだ成しとげてはいなかった。しかしそれから、不動性と不変性は運動と変化についての見方にすぎないと確信していた私は、固定したイメージで捉えられている物質は、変化の不動性によって得られ、質として知覚されたものであり、そのような物質が固定された要素から成ると考えることはできなかった。原子・微粒子、あるいはどのようなものであれ、究極の要素についてのイメージ的なあらゆる表象をやめようとしてもできることではない。しかしそれは、運動と変化とを支えるのに役立つひとつの物であり、したがってそれ自体においては変化しないし、それ自体の力では運動もしない。支えという考え方は、遅かれ早かれ捨てなければならないと私は考えた。私はそのことについて最初の著作のなかで少し論じておいた。私が到達したのは《運動の運動》という考え方であるが、この考え方をそれ以上には明確にすることはできなかった[5]。私は二番目の著作ではもう少し大きな近似的なものを求めた[6]。「変化の知覚」[7]についての講演では、もう少し先まで進んだ。私はのちに、《進化は、進化するものの断片をもって再構成されることはないであろう》と書くが、そのように書いたのと同じ理由によって私は、固定したものは固定したものとはまったく違ったものに帰すべきだと考えるようになった。われわれの精神は、要素を固定したものとして表象する傾向を持たざるをえないが、それは行動のためには必要であるから、ほかの領域では正当なものであった。しかしまさにそのような理由によって、ここで思考はこの傾向に警戒しなければならなかった。しかし私はこの点に注意を向けることしかできなかった。物理学は遅かれ早かれ要素の固定性のなかに動性のかたちを見るようになると私は考えていた。確かに、そのようになればおそらく科学は動性のイメージ化された表象を求めようとはしなくなるだろう。ひとつの運動のイメージは、動くひとつの点（それはつねに固定された微小なものである）のイメージだからである。実際、近年の重要な理論的発見によって、物理学者たちは波動と粒子との一種の融合を想定するようになった。私の意見では、それは実体と運動の融合である[8]。数学から哲学へと向かったひとりのすぐれた思想家は、鉄の一片を《メロディの連続》と見るだろう(9)。

私のいう基本的な《パラドックス》と多かれ少なかれつながりがあり、このようにして少しずつ非蓋然性と蓋然性とのへだたりを超えて、おそらくは普通に起こるものへと進んでいくような《パラドックス》のリストを作れば、それは長いものになるだろう。くり返して言っておくが、われわれが直接的な経験から出発したとしても、それはむだなことであった。この経験の結果が取り入れられることができたのは、外的な経験と、それに伴うすべての推論の方法との進展が、そのような取り入れを求めるばあいに限られていた。私自身がその段階に留まっていた。私の最初の考察の結果を、私が明確に認識し、決定的に受け容れたのは、まったく別の方法で再びそこに到達してからのことであった。

その実例として私は、心理的なものと生理的なものとの関係についての私の考え方を引用しておきたい。私が身体と精神の相互作用の問題を提起したのは、《意識に直接与えられたもの》についての研究のなかで、その問題に直面したからにほかならない。そのとき、自由は私にとってひとつの事実として現われた。そして他方では、普遍的な決定論の主張は、科学者たちが方法のひとつの規則として示したものであったが、一般的に哲学者たちはそれを科学のひとつのドグマとして受けとめていた。人間の自由は、自然の決定論と妥協できたであろうか。私にとって、自由は疑うことのできないひとつの事実になっていたので、私は最初の著作ではほとんどその問題だけを考察した。決定論は何とか自由と妥協できるだろう。決定論はたしかに妥協するだろう。

いかなる理論も、事実に対して長いあいだ抵抗できないからである。しかし、私が最初の著作を通して回避してきた問題が、いまや眼前に不可避のものとして登場してきた。自分の方法に忠実である私は、この問題をもっと一般的ではないかたちで提示するように求め、また可能ならば、具体的なかたちを取って、直接的な観察がなされるような、何らかの事実という輪郭にあてはまるようになることさえも求めた。《身体に対する精神の関係》という伝統的な問題は、私の前では小さくなってしまって、記憶が脳のどこに貯えられるのかという問題に変わり、また脳のなかでの記憶の位置という、それ自体でも非常に大きな問題は、しだいにことばの記憶にしかかかわらないようになり、さらに特殊化して、この特別な記憶の障害である失語症の問題になったが、このような問題の変化がどうして起こったのかを、ここで語っても無意味である。さまざまな失語症についての私の研究は、事実を純粋な状態であらわにすることだけに配慮してなされてきた。その結果として私は、意識と生物とのあいだには、いかなる推論によってもアプリオリには構築できないひとつの関係があることを示した。その関係は平行論でも付帯現象論でもなく、それらに似たものでもないひとつの対応関係である。脳の役割は、あらゆる瞬間に、記憶内容のなかから、開始された行動を明確にできるものを選択し、そうでないものを排除することであった。そうすると、たえず変化しながら、つねに準備される動的な枠のなかに入り込むことのできる記憶内容が再び意識され、残りは無意識のなかに留まることになるだろう。このように、身体の役割は精神の生を演じ、精神の生の運動的分節を強調することであった。それはオーケストラの指揮者が楽譜について行なうことと同じである。脳の機能は思考することではなく、思考が夢のなかで消滅するのを妨げることであった。脳は生に対する注意の器官である。私のこの結論は、正常な事実、病理的な事実についてのこまかい研究と、またもっと一般的には、外側からの観察によって得られたものである。しかしそのような研究と観察によってのみ、私は純粋な状態に内在している経験が、持続すること、したがって破壊できない過去を現在のなかにたえず延長することを本質とするひとつの《実体》をわれわれに与えることによって、記憶内容が貯えられている場所を探す手間を省かせ、またそれを禁止さえしていることに気付いたのである。記憶内容は自らを保存するのであって、それはたとえばひとつの単語を発音するときに、われわれすべてが認めている通りである。その単語を発音するためには、後半の部分を発音する瞬間に、前半の部分を記憶していなければならない。しかしそのばあい、前半の部分が脳かどこかの引き出しのなかにすぐにしまわれて、そのあとただちに意識がそれを探しに来るのだとは、誰も考えないだろう。しかし、この単語の前半の部分についての状況がこのようなものであるならば、音と意味とに関してこの前半の部分と一体化している先行する単語についても同じことが言えよう。それはまた語句の始まりについても、その前にある語句についても、さらにきわめて長く、望むならば無限定に長い言説全体についても同様であろう。ところで、われわれの生の全体は、意識が最初に目ざめたときから、無限定に延長されたこの言説に似た何かである。われわれの生の全体の持続は実質的であり、それが純粋な持続である限りにおいて分割できない。このように考えれば、厳密に言って数年間にわたる研究を省くことができたかもしれない。しかし私の知性はほかのひとたちの知性と異なってはいないので、われわれが内的な生だけにかかわるときに、持続についてのわれわれの直観に伴う確信の力は、それほど遠くまで及ぶものではない。特に、私がこの内的な生について最初の著作で述べておいたことだけでは、知性のさまざまな機能、記憶作用・観念連合・抽象化・普遍化・解釈・注意について、深く考察することはできなかったであろう。私はそのときにはそのような考察を深めるつもりだったのである。一方では心理＝生理学が、他方では心理＝病理学がわれわれの意識を多くの問題に向かわせる。もしも心理＝生理学、心理＝病理学がなければ、私はそれらの問題の研究をしなかったであろうし、またこれらの研究によって別のかたちで問題を設定したであろう。このようにして得られた結果は、心理＝生理学と、心理＝病理学それ自体に作用しないわけにはいかなかった。心理＝病理学に関してだけ言うとするならば、私はただ心理的緊張、生への注意についての考察、そして《精神分裂病》の概念に含まれるすべてのものの重要性が、しだいに大きくなりつつあることに留意しておきたい。過去のすべてが保存されているという私の考えは、フロイトの教えを受けたひとたちによる広範囲な実験のなかで、経験的にますます実証されている。

受け容れられるのにもっと時間がかかったのは、二つだけではなく三つの異なった考察の集合点に位置する見解である。それは形而上学の領域に属している。それらの見解は、精神による物質の理解にかかわるものであり、実在論と観念論との古くからの争いを、主体と対象、精神と物質のあいだにある境界線の位置を動かすことによって終らせるだろう。ここでも、問題は別の仕方で提示されることによって解決する。心理学的な分析によるだけでも、記憶作用のなかにいくつかの連続する意識の面があることがわかった。それは、最も広く拡がっている《夢の面》から始まるもので、そこではピラミッドの基底の部分のように、人間のすべての過去がその上に積み重ねられている。そこから始まるいくつかの面は、ピラミッドの頂上のような点にまで至り、そこでは記憶作用が、それを延長する生まれつつある作用とともに、現実的なものについての知覚にすぎなくなっている。まわりにあるすべての物体についてのこの知覚は、有機体のなかに存在するであろうか。一般的にはそのように考えられている。脳に対するそのまわりの物体の作用は、感覚器官の媒介によってなされるだろう。脳の内部では、拡がりのない感覚と知覚が作られるだろう。それらの知覚は、意識によって外側に投射され、外側の対象をいわば掩うことになるだろう。しかし、心理学のデータと生理学のデータとを比較することによって、私にはまったく別のことがわかった。感覚が中心から遠くへと投射されるという仮説は、表面的に考察する限り、私には誤りと思われた。その仮説は、深く考えていくに従ってしだいに理解しがたくなったが、しかし、心理学と哲学とがこれまでたどってきた方向と、何らかのかたちで問題を提起するために実在をあるやり方で切断するとき、われわれが陥る不可避の錯覚とを考慮するならば、この仮説はきわめて自然なもののように見えた。われわれは、何らかの縮小された表象、外部世界のミニチュアが、脳のなかにあると想像し、それがさらに小さくなって、拡がりさえも失い、それから意識のなかに入っていくのだと想定しなくてはならなかった。意識はひとつの《かたち》として空間を所有し、拡がりを持たないものに対して拡がりを持つものを回復させ、再構成することによって、外部世界を見出すというのである。このような理論のすべては、それを生み出した錯覚とともに崩壊した。われわれが対象を知覚するのは、われわれのうちにおいてではなく、対象のうちにおいてである。少なくとも、もしもわれわれの知覚が《純粋》であるならば、われわれは対象のうちにおいて対象を知覚するであろう。これが私の結論であった。結局、私は常識が考えているところに戻ったにすぎない。私は次のように書いておいた。《哲学の考え方に無関係なひとに、自分の前にあって、見たりさわったりしている対象が、そのひとの精神のなかにだけ存在する。そしてそのひとの精神のためにだけ存在するのだとか、あるいはもっと一般的に、バークリーが望んだように、ひとつの精神のためにだけ存在しているのだと言ったとすれば、そのひとはたいへん驚くだろう。……しかし他方では、この相手に向かって、対象は知覚されているものとはまったく異なるといえば、そのひとは同じように驚くだろう。……したがって、常識にとって対象はそれ自体において存在し、他方では、対象はそれ自体として、われわれが知覚する通りに精彩に富んでいる。それはひとつのイマージュであるが、しかし、それ自体で存在するイマージュである。[10]》常識の視点に基づく理論が、どうして異様なものに見えたのであろうか。近代の哲学の展開のあとをたどり、それが生まれつつあった科学の勢いそのものに屈して、最初から観念論に向かった経緯がわかれば、容易に説明されるだろう。実在論も同じように提示された。実在論は観念論に対立して作られたが、使っている用語は同じだった。その結果として、哲学者たちにある種の精神的な習慣が生じた。この習慣のおかげで、《客観的なもの》と《主観的なもの》は、両者のあいだに設定された関係がどのようなものであっても、また、どの哲学の学派に属しても、すべてのひとによってほぼ同じように配分された。この習慣をやめるのはきわめて困難であった。私は、ほとんど苦しみに近い努力によって、そのことを知るようになった。その努力は、常識の見方とよく似た見方に戻るためには、いつもやり直すべき努力なのである。『物質と記憶』の第一章で、私は《イマージュ》についての考察の結果を述べておいたが、この章は哲学的な考察をする何らかの習慣を持っているすべてのひとたちからあいまいだと批判されたが、それはこの習慣そのものによる批判であった。私はそのあいまいさが消えたかどうかは知らない。確かなことは、最近になって、特にフランス以外の諸国に現われた認識の理論においては、カント主義者と反カント主義者が、問題を提示するときに同意して使っている用語を排除しているように見えるということである。ひとは、直接に与えられたものに戻るか、そこに向かう。

科学と、私が科学と闘っているという非難とに関しての私の見解は以上の通りである。知性については、それほど騒ぎ立てる必要はなかった。ひとはなぜ最初に知性に相談しなかったのか。知性は知性であり、したがってすべてを包含するものであるから、私が知性の美点だけを望んでいたということを知性は理解し、語っていたであろう。しかし実際にひとびとが私に対立して弁護したものは、特に否定から作られた無味乾燥な合理主義が最初だった。そして私は、いくつかの解決を示すという事実だけで、その否定的な部分を除去しておいた。ひとびとが私に対立して弁護した次の考え方は、おそらくそれが主要なものであったが、ひとつの言語偏重主義であった。それは今もなお認識の大きな部分をそこなっているものであり、私はそれを決定的に排除しようとした。

実際のところ、知性とは何か。それは思考の人間的な仕方である。蜜蜂に本能が与えられたように、知性はわれわれの行動を導くために人間に与えられた。自然はわれわれに対して、物質を利用し、支配するという運命を与えたので、知性が容易に進化するのは空間においてのみであり、非有機的なもののなかでのみ安心感を得る。根源的には、知性は作ることに向かう。知性は、機械的な技術の先駆となる活動と、科学を予告する言語とによって顕現し、原初的な心性の残りの部分はすべて信仰と伝統である。したがって、知性の正常な発達は科学と技術の方向でなされる。まだ大雑把な力学が、まだ不明確な数学を始めさせ、この数学が科学的になり、そのまわりに他の科学を現出させ、機械技術を際限なく完成させていく。このようにして、科学と技術はわれわれを物質の内側へと導く。科学が物質を考え、技術がそれを処理するのである。この方向で、原則として知性は最後に絶対的なものに触れることになるだろう。そのとき、知性は完全に知性それ自体になるだろう。知性は物質の予感にすぎないから、最初はあいまいなものであるが、物質をもっと明確に認識するにつれて、それ自体をはっきりさせる。しかし、明確であれあいまいであれ、知性は精神が物質に向ける注意である。それでは、精神がそれ自体に戻るときにも、精神はまだ知性であろうか。われわれは事物に対して、望むがままの名を与えることができる。そして、くり返すことになるが、精神を精神が認識することを、相かわらずまだ知性と呼ぶとしても、私は別に不都合を感じない。しかしそのばあいには、知性には、まったく相反する二つの機能があることを明確にしておくべきである。というのは、精神が精神を対象として思考するのは、物質と接触するばあいに作られた習慣の坂道を逆に登っていくときに限られるからである。そして、それらの習慣は、通常は知的傾向と呼ばれている。そうすると、普通は知性と呼ばれているものではないことが確かな機能には、別の名を与える方がいいのではないだろうか。私は、それが直観であると言いたい。直観は、精神がその対象である物質に固定していながらも、なおも精神自体に向けている注意を示す。この補助的な注意は、方法的に培われ、展開されることができる。こうすることによって、精神についての科学、本当の形而上学が作られるだろう。それは、物質についてわれわれが知っているすべてを精神に対して単純に否定することはせず、精神を実証的に規定するだろう。形而上学をこのように理解し、直観に対して精神の認識を与えても、われわれは知性から何も取り去ることになりはしない。というのは、私は、純粋な知性の作品である形而上学は時間を消去し、したがって精神を否定するか、あるいは精神をいくつかの否定によって規定すると考えるからである。精神についてのまったく否定的なこのような認識を、もしも知性が保持したいとするならば、私は進んでそれを知性にまかせよう。ただ私は、精神についてはそれとは別の認識があると考える。したがって私は、いかなる点においても知性を小さく見るものではない。私はいままで知性が占めてきた領域のどこからも知性を追い出しはしない。知性がまったく支配している領域では、一般に近代哲学が知性に対して認めてこなかった力を、私は知性に与える。ただ私は、知性とともに、違った種類の認識ができる、もうひとつの能力の存在を認める。そうすれば、一方では純粋な知性に基づく科学と機械技術があり、他方では、直観に訴える形而上学があることになる。そのとき、この両極のあいだに、精神的生と社会生活についての科学と、有機的生命についての科学が位置するが、後者はさらに知性的であり、前者はさらに直観的である。しかし、直観的であっても知性的であっても、その認識の特徴は明確さということであろう。

しかしこれに対して、《批判》の通常の源泉である会話には、明確なものは何もない。会話において交わされる観念は、どこから来るのか。ことばの与える効果とは何か。社会生活が、獲得され伝えられる習慣だと考えてはならない。人間が都市のために組織されているのは、蟻が蟻の巣のために組織されているのと同じである。ただし、蟻は目的をなしとげるためのでき上がった手段を持っているが、人間はそれらの手段を発明し直し、したがってそのかたちを変えるために必要なものを持ってくるという違いがある。そのため、われわれの言語のそれぞれの語が約束事によるものだといってもむだなことである。言語はひとつの約束事なのではなく、人間が話すのは、歩くのと同じように自然なことである。ところで、言語の原初的な機能は何か。それは、他人と協力するためのコミュニケーションを確立することである。言語は命令や警告を伝達する。

言語は命令し、あるいは記述する。命令するばあいは、直接的な行動への呼びかけであり、記述するばあいは、将来の行動のために、事物もしくは事物の特性のうちのどれかを示すことである。しかし、いずれのばあいも、言語の機能は産業的・商業的・軍事的であり、つねに社会的である。言語が記述する事物は、人間の知覚によって、人間の行動のために、実在から切り取られたものである。言語が示す事物の特性は、人間の活動を促す事物の呼びかけである。したがって、すでに述べたように、示唆される行動が同じばあいには、語も同じものが使われるのであり、また、同じ分け前を取り、同じ行動をさせるような示唆が、同じ語を呼びおこすときはいつでも、われわれの精神はさまざまな事物に同じ性質を与え、同じ仕方でそれらの事物を表象し、結局は同じ観念としてまとめるだろう。これが、語と観念の起源である。おそらく、語と観念は進化してきたものである。それらはもはや大雑把に役に立つというものではなくなっている。しかしあいかわらず役に立ってはいる。社会的思考は、その根源的な構造を保持しないわけにはいかない。社会的思考は知性であろうか、それとも直観であろうか。私は、社会的思考のなかに直観が光を当てることを望みたい。繊細の精神を欠いた思考は存在しない。そして繊細の精神とは、知性のなかに直観が反映することである。私はまた、直観のこのわずかな部分が大きくなり、詩と散文を誕生させ、最初は信号にすぎなかった語を、芸術の道具にまで転換させることを望む。特にギリシア人はこの奇蹟をなしとげた。元来は空間のなかでの人間の行動を組織化するためのものである思考と言語の本質が知性的であることは事実である。しかしそれは、必然的にあいまいな知性的なものである。つまり、社会が利用すべき物質に対して、きわめて一般的に精神を適合させることである。哲学が最初はそのことに満足して、純粋に弁証法的であることから始まったのは、きわめて自然なことであった。哲学にはそれ以外の方法はなかった。プラトン、アリストテレスといった哲学者は、言語のなかに完全に作られていると彼らが考える実在の切片を用いている。ディアレゲイン、ディアレゲスタイと結び付いている《ディアレクティク》（弁証法）は、《対話》とともに《配分》を意味する。プラトンがいう《弁証法》は、ひとつの語の意味について意見の一致を求める会話であると同時に、言語の指示するところに従って事物を分類することでもあった。しかし、語に基づいて作られるこの観念のシステムは、もっと明確な記号によって表わされる正確な認識に遅かれ早かれ取って代わられなければならなかった。そうすると、科学は明らかに物質を対象として、実験を手段として、数学を理想として構成されるだろう。それによって知性は、物質性を完全に深く考察するようになり、その結果として、知性それ自体を深く考察することになろう。また、遅かれ早かれ、ひとつの哲学が発展するであろう。それは、語から解放されるが、今度は数学とは反対の方向に進み、原初的・社会的な認識のうち、知性的なものではなく、直観的なものを強調する哲学である。しかし、このように強度が高くなった直観と知性とのあいだに、言語はとどまらなければならなかった。実際に、言語は以前と同じ状態にある。言語により多くの科学と哲学とが加わったとしても、それは不変である。それは、あいかわらずその機能を果たし続ける。最初は言語と一体になっていて、言語の不明確さも共有していた知性は、科学というかたちで明確なものになる。知性は物質を自分のものにする。知性に対してその影響力を感知させていた直観は、哲学として拡がり、精神と同じ大きさを持とうとする。しかし、知性と直観とのあいだには、すなわち孤立した思考の二つのかたちのあいだには、共通な思考が存在している。それは最初は人間の思考のすべてであったものである。言語が表現し続けているのは、この共通の思考にほかならない。言語が科学を包み込んでいることを私は認める。しかし、科学的精神は、あらゆることがつねに問題にされ直すことを求めるのであり、そして言語は安定性を必要とする。言語は哲学に対して開かれている。しかし哲学的精神は、事物の根底にある、終わることなく続けられる改新・再発明と共感しているが、一方、語は限定された意味を持ち、比較的固定した約束によって決められた意味的な価値を持っている。語は、古いものの配列を変えることによってでなければ新しいものを表現できない。共通した思考を支配するこの保守的な論理を、ひとびとは通常は、そしておそらく不用意に《理性》と呼んでいる。会話《コンヴェルサシオン》は、保守《コンセルヴァシオン》にたいへんよく似ている。ここでは会話が自由にふるまっている。そして、会話が正当な権威を行使している。実際には、会話は理論上、社会生活の事がらにのみかかわるべきである。そして、社会の本質的な目的は、どこにでもある普遍的な動きのなかに、何らかの固定したものを入れることにある。生成変化の大洋のあちこちに、社会の数と同じ数の固定した島がある。この固定化は、社会的活動が知性的であるのに応じて、一層完全になる。したがって、概念を《理性的に》配列し、語を適切に操作する能力である一般的な知性は、社会生活に協力すべきものであって、それは、精神の数学的機能という、もっと狭い意味での知性が、物質の認識を支配していることと対応している。あるひとが知性的だというばあいに考えられている知性は、特に一般的な知性である。それは、そのひとには普通に使われている複数の概念を結び合わせて、そこから可能な結論を導き出す技術と能力があるということである。またわれわれは、そのひとが概念が作られる目的としての日常生活での事物にかかわっている限り、そのひとに感謝するほかはない。しかし、単に頭がいいというだけのひとが、科学の問題の解決に口を出すことは認められないだろう。科学に関して明確な知性が、数学的・物理学的・生物学的な精神となり、語の代わりに、それよりももっと適切な記号をもって置き換えることになるからである。まして哲学においては、提起される問題がすでに知性だけにかかわるものではないので、そういう頭がいいだけのひとが介入するのを禁じなければならない。しかし実際にはそうはならないのは、ここでは頭のいいひとが能力のあるひとだと理解されているからである。私はまずこのことに反対する。私は知性を高く評価する。しかし私はあらゆることについて、真実らしく語ることに巧みな「頭のいいひと」をそれほどには評価しない。

語ることに巧みなひとは、すぐに批判する。語から離れて事物に向かい、事物の自然な分節を再発見し、ひとつの問題を実験的に深く考えるひとならば、精神がそのときに驚きから驚きへと進むことを知っている。本来が人間的な領域、つまり社会的な領域の外側では、真実らしいものはけっして真実ではない。自然が、われわれの会話を容易にするように配慮することはめったにない。具体的な実在と、われわれがアプリオリに再構成する実在とのあいだには、何というへだたりがあることか。しかし、単に批判するだけの精神は、実在のこのような再構成に固執する。というのは、そのような精神の役割は、事物に則して考えることではなく、その事物についての他人の意見を評価することだからである。その評価も、事物から引き出されて与えられた解決を、世間に拡がっている考え方、つまり、社会的な考え方を貯えていることばからそのひとが合成した解決と比べることにすぎない。また、そのひとの判断は、もはや探求の必要のないものであり、探求をしても社会を撹乱するだけであり、言語のなかに貯えられているあいまいな認識の下に一本の線を引き、総計を計算して、それを守らなければならないということにすぎない。「われわれはすべてを知っている」というのが、この方法のモットーである。この方法を、物理学もしくは天文学の理論の批判に使おうとするひとはいないだろう。しかし、哲学ではそれが一般に行なわれている。すべて出来上がっている観念を避けて、事物と直接に接触するために仕事をし、戦い、苦労してきたひとに対して、「理性的」だと主張される解決が対抗する。本当の研究者はこれに抗議すべきである。このような意味での批判の能力は、無知のままでいようとする立場であり、認めることのできるただひとつの批判は、事物そのものについての新しい研究である。本当の研究者にはこのことを示す責任があるだろう。この新しい研究は、もっと深められたものであるが、しかし、同じように直接的なものでなければならない。残念ながら、そのひとは実際には二つか三つの問題しか深く考察できなかったのに、あらゆる機会に批判したい気分でいる。純然たる「知性」に対しては、自分のしていることを評価する能力がないとしているので、この研究者は、自分がすでに哲学者でも科学者でもなくなって、単に「頭のいい」ひとにすぎなくなっているばあいには、判断する権利を自ら放棄していることになる。そこで、この研究者は、共通の錯覚の方を選択する。その上あらゆることが、そのひとをこの錯覚へと向かわせる。通常、ある難問について、その問題には向いていないひとに相談するのは、そのひとがまったく別の領域では力があるという評判があるからである。このようにして、探求したことがなくても事物を認識できる一般的な能力が、こうした研究者にあるのだといってほめたり、特に公衆の意識にそのように確信させたりする。この能力とは、《頭のよさ》であって、それは会話のなかで社会生活に役立つ概念を操作する習慣といった単純なものではなく、精神の数学的機能でもない。それは、社会的な諸概念を多かれ少なかれ巧みに組み合わせることによって、実在についての認識を得る能力のことである。このすぐれた手腕が、すぐれた精神だとされる。それでは、本当にすぐれた精神は、最大の注意力以外のものだということになってしまう。注意力がかならずしも特殊化されたものではないことになり、本性もしくは習性から、別の対象ではなく特定の対象に向かうものでなくてもいいことになる。この注意力は、語のヴェールを突き破って、直接に見ることである。事物について簡単に語るようにさせているのは、その事物についての無知である。私は、直観的に見ることと同じように、科学的認識と技術的能力を評価する。私は、精神的・物質的に創造すること、事物を作ること、そして自分自身を造ることが、人間の本質だと考える。私は、人間をホモ・ファベル（作るひと）として定義することを提案する。作ることについてのホモ・ファベルの考察から生まれたホモ・サピエンスは、それが純然たる知性によって、その知性だけに依存する問題を解決する限りでは、同じように尊重に値すると思われる。それらの問題を選ぶとき、誰かひとりの哲学者がまちがっても、ほかの哲学者がその誤りを正すであろう。二人とも最善をつくすだろう。二人とも、私の評価と賞讃に値しよう。ホモ・ファベルとホモ・サピエンスは混同されがちであるが、私は両方とも尊重する。私が同感できないただひとつの人間の定義は、ホモ・ロカクス（語るひと）である。ホモ・ロカクスが考えているときの思考は、自分の発言についての反省にすぎない。

語るひとを育て、完成することが、かつては教育の方法であった。いまでも、教育の方法にはいく分かその傾向がありはしないだろうか。この教育の欠点は、たしかにフランスではほかの国よりも顕著ではない。フランスほど、教師が学生のイニシアティヴ、さらには生徒のイニシアティヴを促している国はない。しかし、われわれにはまだしなければならないことが数多くある。私はここで手仕事について、またそれが学校で演じうる役割について語るべきではないだろう。ひとびとは手仕事を気晴らしとしか考えていない。われわれは、知性が本質的には物質に手を加える能力であり、少なくとも最初はそうであって、それが自然の意図であったことを忘れている。だから、知性は手の教育を利用しなくてはならない。話をもっと先へ進めよう。子どもの手は、自然に何かを作ろうとする。その手助けをすることによって、少なくとも物を作る機会を与えることによって、おとなになってから役立つ人間が形成されよう。世界のなかでの創造の力がさらに増大するだろう。本だけから得られた知識は、飛び立つばかりになっているもろもろの活動を小さくし、除去してしまう。だから、こどもには手の仕事の訓練をさせよう。そして、手を使わせる教育を、職人だけのものにはしないようにしよう。本当の親方に依頼して、触覚が手の動きになるまで完成させなくてはならない。知性は、手から頭へと戻って行くだろう。しかし私はこの点に固執しはしない。文学でも科学でも、あらゆる領域でわれわれの教育はことばの外へ出ることがない。しかしいまは、社交界のひとでも、事物について知っているだけで足りる時代ではなくなっている。科学に関しては、特に結果が提示される。しかし、科学ではむしろ方法に慣れさせる方がいいのではないだろうか。方法はすぐに実行させることができるだろう。観察し、実験し、発明をくり返すことを教えるのがいいだろう。生徒たちはよく聴き、よく理解するだろう。というのは、子どもは研究者であり発明家であって、いつも新しいものを期待し、規則にはいらだつ。つまりそれは、おとなよりも自然に近いからである。しかしおとなは本質的に社会化されうる存在であり、教えるのはおとななのである。必然的におとなが得られた結果の総体を最前列に置くことになる。このように得られた結果によって、社会の資産が構成されるのであるが、当然のことながら、おとなはそれを誇りに思っている。しかし、教育のプログラムがどれほど百科事典的であっても、生徒が既製の科学から吸収できるものは非常にわずかであり、しばしばその勉強はつまらなく、すぐに忘れられてしまうのが通例である。人類が獲得してきた成果のそれぞれが貴重なものであることは疑いない。しかしそれはおとなの知識であって、どこにそれがあるのかを知っておきさえすれば、おとなは必要なときにその知識を見つけることができるだろう。子どもについては、むしろ子どもらしい知識を培い、ただ成長することだけを望んでいる新しい植物を、古い植物が残した枯枝・枯葉の重なりの下に窒息させないようにしよう。

フランスの文学教育でも（たとえそれがよその国よりすぐれているとしても）、同じような欠点が見い出せはしないだろうか。すぐれた作家の作品について論ずるのは有益なことであろう。それによって、その作品はもっとよく理解され、もっと深く味わわれるだろう。しかし、必要なのは、生徒たちがその作品を味わい始め、その結果として理解し始めることである。つまり、子どもはまず第一にその作品を創り直さなければならない。あるいは、換言すると、ある点まで作家の発想を自分のものにしなければならない。それには、その子どもに、作家の足跡を踏ませ、作家の身ぶり・態度・物腰のまねをさせる以外に方法はない。声を出してその作品を読むのは、まさにそのことである。知性はずっと遅れてきて、そこにニュアンスを付け加えるだろう。しかし、ニュアンスと色は、デッサンがなければむだなものである。本来の意味での知性の働きの前に、構造と運動についての知覚がある。読んでいるページのなかに、句切りとリズムがある[11]。何よりも朗読の技術を成り立たせるものは、この句切りとリズムとを明確に示すこと、パラグラフのなかのさまざまなフレーズと、フレーズのなかのさまざまな構成要素のあいだにある時間的な関係を考えること、感情と思考のクレセンドを、音楽的に最高と考えられる点までたえずたどることである。朗読を気晴らしの技術として扱うのは誤りである。朗読は、ひとつの装飾として勉強の終点に到達するものではなく、最初から、そしていつでも、ひとつの支えとしてなされるべきものである。事物について語ることが重要であり、語ることができればそれらの事物を充分に認識したことになるというのは錯覚ではあるが、もしもわれわれがこの錯覚に囚われないならば、この支えの上に他のすべてを置くことができる。しかしわれわれは、ある程度まで作り直すことができることしか認識しないし、理解しない。ついでながら、私がいま定義したような読書の技術と、哲学者に勧める直観とのあいだには、何らかの類似がある。直観は、それが世界という大きな本から選んだページのなかに、構成の運動とリズムとを再発見し、共感をもってこの世界に入り込むことによって、創造的進化を追体験しようとする。しかし私が開いた括弧はあまりにも長すぎた。いまはそれを閉じる時である。私は教育のひとつのプログラムを作るのではない。私はただ、よくないものと思われているのに、しかも学校では原則としては否定しているにもかかわらず、実際にはあまりにもしばしばまた奨励されている、いくつかの精神の習慣を指摘したいだけである。特に私は、概念を事物と置き換えることに対して、また真理の社会化と呼びたいものに対して、もういちど反対したい。この置き換えは、原始社会では必要であった。それは人間精神にとって自然なものである。というのは、人間精神は純粋な科学にも、まして哲学にも向いていないからである。しかし、この社会化は実践的な領域の真理だけに限定しておかなくてはならない。社会化はそのような真理のためになされるからである。この社会化は、純粋な認識、科学もしくは哲学とは無関係である。

このように、私は安易なやり方を拒否する。私は、思考については何らかの困難なやり方を勧める。私は何よりも努力を尊重する。どうしてそこで誤解が起こりえたのか。私は、自分が主張している《直観》が、本能もしくは感情であることを望むひとには、何も言わないつもりである。私の書いたもののなかで、一行といえどもそのような解釈を認めるものはない。そして、私の書いてきたすべてのなかに、それとは反対の主張がある。私のいう直観とは反省のことである。しかし、私が物の根底にある動きに注意したために、ひとびとは私が精神の弛緩を助長しているのだと主張した。また、実体の永続性は変化の連続性であるというのが私の考え方なので、ひとびとは私の理論が不安定性を正当化するものだとした。それは、細菌学者がいたるところで細菌があることを示すと、彼は細菌による病気を勧めているのだとか、物理学者が自然の諸現象の原因は振動であると主張すると、彼がブランコの運動を命令しているのだと考えるのと同じである。説明の原理と行動の原理は別のものである。いたるところに運動性を見出している哲学者だけが、この運動性を勧めることができないのだと言えるかもしれない。というのは、そのような哲学者しか、運動性が不可避であることがわからず、普通は不動性と呼ばれるもののなかにも運動性が見出されるからである。しかし事実としては、この哲学者が安定性を変化の複雑性として、あるいは変化のひとつの特殊な局面として考えても意味がない。どのようなやり方によってであるにせよ、その哲学者が安定性を変化に還元しようとすることには意味がない。この哲学者は、ほかのひとたちと同じように、安定性と変化とを区別するだろう。そして、この哲学者に対しても、またほかのひとたちに対しても、人間社会に進言すべきものが、どの程度まで安定性といわれる特別な外見なのか、どの程度まで純粋で単純な変化なのかを知るという問題が提起されるだろう。変化についての哲学者の分析は、この問題に触れないままになっている。この哲学者に少しでも常識があれば、ほかのひとたちと同じように、存在するものには何らかの永遠性が必要だと判断するだろう。この哲学者は、個人が素描したものの多様性と運動性とに対して、比較的に変化のない枠をさまざまな制度が与えるべきだと言うだろう。そしておそらく彼は、それらの制度の役割を、ほかのひとたちよりもよく理解するだろう。それらの制度は、感覚と悟性とが、認識の領域で、物質の振動を知覚として、事物の展開を概念として凝縮するときに行なっているような安定化の作業を、行動の領域において命令を発することによって続けているのではないだろうか。おそらく社会は、制度の厳密な枠のなかで、この厳密さそのものに支えられて進化する。さらに、政治家の義務は、それらの変化をたどり、まだ時間があるあいだに、制度を変えていくことである。政治の誤りが十あるとすると、そのうちの九つは、真実でなくなったものをまだ真実と考えることによってのみ生ずる。しかし、もっと重大なものである可能性のある第十番目の誤りは、まだ真実であるものを、もはや真実と考えないことであろう。一般的に言って、行動には確固としたひとつの支点が必要である。そして生命体は、本質的に効果のある行動へと向かう。事物の何らかの安定性のなかに、意識の初源的な機能があると私が考えてきたのはそのためである。すでに述べたように、普遍的な運動性に基礎付けられた意識は、ほとんど瞬間的に見える行為のなかに、その行為の外側に展開される、無限に長い歴史を集約する。意識が高ければ高いほど、物の緊張に比べて、意識の持続の緊張がいっそう高くなる。

新しい問題が生ずるとき、精神に対してまったく新しい努力が求められる。そのときの精神の方法の特徴が緊張と集中である。私は、『創造的進化』の前に公にした『物質と記憶』からは、進化についての本当の理論を引き出せなかったと思う。（進化についての本当の理論と見えたものは仮象にすぎないだろう。）また、『意識に直接与えられたものについての試論』からは、私がのちに『物質と記憶』のなかで示したような、精神と身体の関係についての理論を引き出してくることはできなかったであろう。（できたとしても、それは仮説的な構築物にすぎなかったかもしれないが。）さらに、『意識に直接与えられたものについての試論』以前に、私がこだわっていたにせの哲学、つまり、言語のなかに貯えられている一般的概念から、私が最初の著作（『意識に直接与えられたものについての試論』）で提示したような、持続と内的な生についての結論を引き出してくることもできなかったであろう。哲学の本当の方法へと私が入り始めたのは、ことばによる解釈を捨てた日からのことである。そのとき私は、内的な生のなかに、経験の最初の領域を発見したのである。その後の私の思考の展開は、すべてこの領域の拡大であった。ひとつの結論を論理に従って拡大すること、自分の研究の範囲を実際には拡大せずに、この結論をほかの対象にあてはめることは、人間の精神の自然な傾向であるが、この傾向に屈してはならない。哲学は、それが純粋な弁証法であるときは、つまり、言語のなかに貯えられていて、われわれが見つけてくる基本的な認識で形而上学を作り上げようとする試みであるときは、素朴にもこの傾向に屈してしまう。哲学は、いくつかの事実から得た結論から、ほかの事物にも適用できる《一般的原則》を作り上げるときに、このようなことを続けているのである。私の哲学的活動のすべては、このような哲学の態度に対する抗議であった。このように、私は自分の以前の仕事の結果を延長することによって、簡単に答えに似たものが作られた重要な問題は扱わないことにした。それらの問題のひとつひとつについて、その問題に即して、またそれに対して解決するための時間と力が与えられない限り、私は答えはしないだろう。答えるとすれば、それは私の方法に対して、ある問題の明確な解決であると私が考えるものを与えてくれたことに感謝し、それ以上はそこから引き出せず、そこに留まっていることを認めてからのことである。一冊の本を書かなくてはならないというわけではない。

（一九二二年一月）(12)

Ⅲ　可能的なものと実在的なもの

一九三〇年一一月、スエーデンの雑誌『ノルディスク・ティドスクリアト』に発表した論文(1)

予測できない新しいもののたえまない創造は、宇宙のなかで進行していると思われるのだが、私は以前にも論じたテーマのひとつであるこの問題について述べてみたい。私は、このような創造をいつも実験していると考えている。私はこれから自分に起ころうとしていることを、ことこまかに表象することはできない。私の表象は、生じているできごとと比べるとき、非常に貧しく、抽象的で、型にはまっている。できごとが現実化されると、それに伴ってすべてを変えてしまうごくわずかな予見できないものが現われてくる。たとえば、私がある集まりに出なければならないとする。私には、そこでどのテーブルのまわりで、どんな順序で、どういうひとたちに、どういう問題の討議のために会うかがわかっている。しかし、予期していた通りにそのひとたちが来て、椅子に腰をおろし、言うであろうと思っていた通りのことを言ったとしても、全体の印象は、画家の独創的なひと筆で描かれたような、独自で新しいものである。私がそのできごとについて描いていたイメージはもう不要である。それは、すでに知られている物事を、あらかじめかたちがわかるように並べたものにすぎないからである。その絵に、レンブラントやヴェラスケスの作品と同じような芸術的価値があるわけではない。しかしそれはまったく予期していなかったものであり、その意味では彼らの作品と同じようにオリジナルなものである。こまかな状況を私がわかっていないとか、人物とその行動・態度を処理していないとか、全体が新しいものを私にもたらしたとしてもそれは余分な要素が与えられたからだ、といった批判がなされよう。しかし私は、自分の内部の生の展開を経験するとき、同じような新しいものに接しているという印象を得る。私は、自分が望み、私だけが支配している行動に直面して、いままでよりはるかに生き生きとした印象を抱く。もしも私が行動する前に熟考するとすれば、その熟考のもろもろの瞬間は、私の意識に対して、連続したスケッチとして現われる。画家が自分の作品についてするように、それらのスケッチのひとつひとつが、それだけで独自のものである。また、行為そのものも、それがなされるばあい、望んでいたことを実現せず、したがって予測していたことを実現しないとしても、やはりオリジナルなかたちを取る。そうすると、次のような意見が示されるかもしれない。――おそらく魂の状態のなかには、独自なもの、ユニークなものが存在する。しかし、物質は反復である。外側の世界は、いくつかの数学的法則に従っている。与えられた瞬間での物質的宇宙のすべての原子・電子の位置・方向・速度を知っている超人間的な知性の持主ならば、われわれが日食・月食について知っているように、この宇宙のどんな未来の状態でも計算するだろう。——厳密に言って、私は生命のない世界のことだけならば、このような見解を認めるだろう。また、この問題は論じ始められたばかりではあるが、少なくとも要素的な現象に関してならば、この見解を認めよう。しかし、このような世界はひとつの抽象にすぎない。具体的な実在は、無機的物質のなかに包まれた、生命と意識のある存在を含んでいる。私が生命と意識というのは、生命体には権利として意識があると考えるからである。意識が眠ると生命体は事実上は無意識になる。しかし、たとえば植物のように、意識が眠っている領域でも、規則的な進化、一定の進歩、そして老化があり、意識の特徴である持続を示す、あらゆる外的な徴候がある。ひとつの枠のなかに入っているように、生命と意識がそのなかに包まれている生命のない物質についてなぜ語るのか。どういう権利によって物質に生命がないことを認めるのか。古代のひとたちは、物質的宇宙の存在が続くことを保証するような、世界の魂を想定した。私は、この考え方から神秘的なものを除いて、無機的世界は、見ることができ、予見することができる変化としてまとめられるような、一連の限りなく速い反復と反復に近いものであるといいたい。私はこの反復を、時計の振子の往復運動と比較してみたい。振子の往復運動は、ぜんまいが連続してゆるんでいくことと結びついている。ぜんまいのゆるみは、振子の運動を相互に結びつけ、時間の進行に区切りをつける。それらの反復は、意識のある存在の生命にリズムを与え、それらの存在の持続を計測する。このように、生命のある存在は、本質的に持続している。生命のある存在が持続しているのは、それがたえず新しいものを創るからであり、探求なしには構築はなく、模索なしには探求はないからである。時間とはこのためらいそのものであり、そうでなければ時間は何ものでもない。意識的なものと生命的なものを除去するならば（そして、それは抽象という人工的な努力によってのみできることだが、くり返していうと、それは物質的世界がおそらく意識と生命とをかならず含んでいるからである）、継起的な状態が、理論によってあらかじめ計算できるひとつの宇宙が得られる。それは、映画のフイルムに並置されていて、回転させて映写する以前にあるイマージュと同じである。そうすると、この回転は何の役に立つのか。なぜ実在はそれ自体を展開するのか。どうして実在は展開されないのか。時間の役割は何か。（私が論じているのは、空間の第四次元にすぎない抽象的なこの時間ではなく、実在する具体的な時間である。）[2] これが、かつての私の考察の出発点であった。いまからおよそ五〇年前、私はスペンサーの哲学に強く惹かれていた。ある日、私はスペンサーの哲学では時間がいかなる役割も演じていないこと、時間が何もしていないことに気付いた。ところで、何もしていないものは何ものでもない。しかし、時間は何かであると私は考えた。したがって、時間は作用をしているのである。時間は何をすることができるのか。時間は、あらゆることが一度に与えられるのを防ぐものだ、というのが単純な常識の答えであった。時間は遅れるものであり、あるいは時間とは遅れることである。したがって、時間は構築でなければならない。そうすると、時間は創造と選択との交通手段ということになるのではないか。時間の存在は、事物のなかに不確定なものがあることを立証してはいないだろうか。時間はこの不確定性そのものではないのか。

これが大半の哲学者の見解ではないとすれば、それは人間の知性が、事物を反対の端から考えるように作られているからにほかならない。ここで私は知性といっているのであり、思考とはいっていないし、精神ともいってはいない。実際には、知性とともに、自分の活動と、それがなされる条件についての、われわれひとりひとりによる直接的な知覚がある。この直接的知覚は、どのように名付けてもいいものである。それは、われわれが自分たちの志向・決定・行為を創る存在であり、したがって習慣・性格、そしてわれわれ自身を創る存在だという感情である。われわれは自分たちの生を創る職人であり、また自分たちで望むときには生を創る芸術家でさえあるが、彫刻家が粘土に与えるかたちのように、ユニークで、新しく、独自で、予測できないひとつのかたちを作り上げようとたえず努力する。そのばあいの材料は、過去と現在とによって、遺伝と周囲の状況とによって与えられる。その作業がなされているあいだ、おそらくその作業と、その作業のユニークな点について、われわれは気付いている。しかし、最も重要なのは、われわれがその作業をしているということである。われわれはその作業を深める必要はない。その作業について、充分に意識する必要もない。それは、芸術家が自分の創造力を分析する必要がないのと同じである。芸術家は、そうした配慮は哲学者にまかせて、自分は創造することで満足する。その代わりに、彫刻家は自分の芸術の技法を知り、その技法について学びうることはすべて知っておかなくてはならない。この技法は、自分の作品とほかのひとの作品とに共通するものに特にかかわっている。この技法は、彫刻家が腕をふるう素材、他のすべての芸術家に対してと同じように、この芸術家にも与えられている素材の要求によって支配されている。芸術においては、この技法は反復もしくは制作にかかわるものであって、創造そのものにはかかわらない。芸術家はこの技法に注意を集中しているのであり、私はそれを芸術家の知性活動（intellectualité）と呼びたい。同じように、われわれの性格を創造するとき、自分の創造の力についてはほとんどわかっていない。この力を知るためには、自分自身に戻り、哲学し、自然の傾向に逆行しなければならないだろう。というのは、自然は行動を望んだのであって、思考のことは思っていなかったからである。自分のなかにひとつの飛躍を感じたり、行動できるという確信を持ったりすることはすでに問題ではなく、思考をそれ自体に戻して、思考がこの力を把握し、飛躍を捉えるようにすることが重要になると、あたかも通常の認識の方向を逆にしなければならないような、大きな困難が生じてくる。反対に、われわれは自分たちの行動の技法を修得することに大きな関心を持っている。つまり、その技法が用いられる状況のなかから、われわれの行為が依存する一般的な方法と規則を与えることのできるようなあらゆるものを引き出そうとする。われわれの行為のなかの新しいものは、事物のうちにある反復の発見によってのみ得られるだろう。したがって、われわれの通常の認識の能力は、本質的には、実在的なものの流れのなかにある、安定性と規則性を持つものを抽出する力である。知覚についてはどうであろうか。知覚は、たとえば光や熱といった、無限に反復される振動を把握し、それらの振動を、比較的変化しない感覚としてまとめるのである。ひとつの色の視覚は、何兆もの外的振動を、われわれの眼に対して何分の一秒という瞬間に凝縮する。概念についてはどうか。ひとつの一般的な観念を作るということは、さまざまで変わっていく事物のなかから、変化せず、少なくともわれわれの行動にとって不変な接点のある、共通の側面を抽出することである。われわれの態度の恒常性、実際になされるか潜在的なわれわれの反作用と、表象される対象の多様性と可変性とが同一であること、まずそこに観念の一般性を示し、素描するものがある。最後に、了解についてはどうか。了解とは、生じているいくつかの事実のあいだに関係を発見し、安定したつながりを、つまり法則を導き出すことにすぎない。それは、つながりが明確で、法則が数学的であればあるほど、ますます完全になる作業である。そうした機能のすべてが知性を構成する。そして、規則性と安定性とを特徴とする知性は、実在的なもののなかにある安定していて規則的なもの、つまり物質性と結びついている限りは真である。そうすると知性は、絶対のひとつの側面に触れることになるが、それはわれわれの意識が、絶対の別の面に触れるのと似ている。そのときわれわれの意識は、自分の内部に、新しいもののたえまない開花を把握するか、あるいは外側に拡がって、自然が持っている新しくなろうとする限りない努力と共感する。知性が、他の側面を考えたのと同じように、このようなひとつの側面を考えていると主張し、自らに適していない用途で用いられるときから、誤りが始まる。

私は、形而上学の大きな問題は、一般的に提示の仕方が誤っているのであり、表現を直せば、しばしば自ら解決されるものであると考えている。あるいは、その問題は錯覚によることばで提示されていて、提示されたものをよく見れば、問題は消え去ると考える。実際、それらの問題は、創造であるものを制作に置き換えることによって生ずる。実在は、全体的で不可分の増大であり、しだいになされていく発明であり、持続である。それは、あらゆる瞬間に、思いがけないかたちになって少しずつふくらんでいくゴム風船のようなものである。しかしわれわれの知性は、実在の起源と進化を、単に場所を移動しているだけの、さまざまな部分の配列・再配列として表象する。したがって理論的には、知性はそれらの部分の集合のどのような状態でも予測できる。一定数の安定した要素を提示すれば、すべての可能な組み合わせを、あらかじめ暗黙のうちに考えることになる。しかしそれで終ったわけではない。われわれが直接に知覚する実在は、たえず膨張していて、空虚というものを知らない充実したものである。実在には、持続とともに延長がある。しかし、この具体的な延長されたものは、知性が建築のための敷地と考えている、無限で、また無限に分割できる空間ではない。具体的な空間は、事物から抽出されたものである。事物が空間のなかにあるのではなく、空間が事物のなかにあるのである。ただし、われわれの思考は、実在について推論するとき、空間をひとつの容器にしてしまう。われわれの思考は、もろもろの部分を相対的な空虚のなかに集めるという習慣を持っているので、実在が何らかの絶対的な空虚を埋めるのだと想像する。ところで、根本的に新しいものについての誤解が、誤って提示された形而上学の問題の根底にあるとするならば、空虚から充実へと移行する習慣が、存在しない問題の根源である。第二の誤りが、第一の誤りのなかにすでに含まれていたことは、簡単にわかる。しかし私は、まずこの第二の誤りをもっと明確にしておきたい。

私は、にせの問題があり、それが形而上学にとって面倒な問題だと述べておいた。私はそれらの問題を二つに分ける。ひとつは存在論を、もうひとつは認識論を生んだものである。

第一のにせの問題は、なぜ存在があるのか、なぜひとつの事物、ひとりの人間が存在するのかを問う。この問題においては、存在するものの性質が問われることはほとんどない。存在するものが精神もしくは物質、あるいはその両方であるとか、物質と精神だけでは不充分であって、それらがひとつの超越的原因を表わしているということもできるだろう。いずれにせよ、われわれが実在と原因、さらにそれらの原因の原因を考えたとき、無限に続く進行過程に引き込まれた感じになる。われわれが立ち止まるのは、めまいを避けるためである。あいかわらずわれわれは、困難なことが残っていて、問題は提起されたまま、けっして解決されないだろうと主張し、また主張しているのだと思っている。しかし実際には、この問題は提起されないだろうし、また提起されてはならないのである。存在に先行する無を考えない限り、その問題は提起されることはない。《何も存在しないことがありうる》といっても、何かが、もしくは大文字の誰か〔神〕が存在すると驚くことになる。しかし、《何も存在しないことがありうる》ということばを分析してみよう。あなたがたは、観念とではなく、ことばとかかわっていること、またここでは《無》(rien)がいかなる意味も持たないことを理解するだろう。《無》は、人間にとって固有な、行動と制作の領域にわれわれが留まっていない限り、意味を持つことのできない普通のことばである。《無》は、われわれが探しているもの、望んでいるもの、期待しているものがないことを示している。実際、経験がわれわれに絶対的な空虚を示したと仮定してみよう。その空虚には限界があり、輪郭があるから、それはまだ何かであるということになろう。しかし実際には、空虚は存在しない。われわれは充実しか知覚しないし、充実しか考えることもできない。ひとつの事物が消えるのは、別の事物がそれに代わったときだけである。このように、除去は代置を意味する。ただ、われわれが《除去》というのは、代置の二つの部分、あるいはむしろ二つの面のうち、われわれにとって関心のあるひとつの面しか見ないときである。このようにして、われわれは消え去った物に注意を向け、その代わりになる物から眼をそむけて満足するのだということがわかる。そうすると、われわれはもはや何もないというが、それはそこにあるものがわれわれの関心を惹かないということ、そして、すでにそこにないもの、もしくはそこにありえたものに関心があるということである。したがって、不在もしくは無、もしくは存在しないものという観念は、実在的な、もしくは起こりうる除去という観念と不可分に結びついている。そして除去という観念は、それ自体が代置という観念のひとつの側面にほかならない。そこには、われわれが実際の生活で用いている思考のいくつかの仕方がある。われわれの仕事にとっては、思考が実在より遅れることがあり、また必要なばあいには、思考がそこにいまあるものに束縛されないで、かつてあったこと、もしくはこれからありうることと結びついていることが特に重要である。しかし、われわれが制作の領域から創造の領域へと移行するとき、なぜ存在があるのかを問うとき、なぜある物もしくはある人が存在するのか、なぜ世界もしくは神があるのか、どうして無はないのかを問うとき、そして最後に、最も困難な形而上学の問題を提起するとき、われわれは潜在的にはひとつの不合理を認めている。というのは、もしもすべての除去がひとつの代置であるならば、また、除去という観念が代置とは切り離された観念にすぎないとしたら、すべてのものの除去について語るのは、除去のひとつではない代置を提示することになって、自己矛盾に陥るからである。あるいは、すべてのものの除去という観念には、丸い四角――音の実在、《声の息》――という観念と同じだけの実在がある。あるいは、除去の観念が何かを表象するとすれば、それは知性のひとつの運動を表わしている。その運動は、ひとつの対象から別の対象へと移るが、自らの前にあるものよりも、置いてきたものの方がいいと考える運動であり、そして《前者の不在》によって後者の現存を示すものである。全体が提示され、その全体のそれぞれの部分のひとつひとつが消される。そしてそれに代わるものを見つけることについての同意はなされない。したがって、不在を全体化しようとするときにわれわれの前にあるのは、現前するものの全体であるが、ただしこの全体は、新しい順序に並びかえたものにすぎない。別のことばにすると、絶対的な空虚の表象とされているものは、実際には、部分から部分へと無限定に飛躍する精神のなかでの普遍的な充実の表象である。そのばあい、この精神には、事物の充実ではなく、自分の不満の空虚しか考えないという決意が伴っている。それは、「無」の観念は、単なることばの観念でないときは、《全体》の観念と同じだけの材料を含み、さらに思考の働きをも含むということになる。

私は、無秩序の観念についても同じことをいいたい。なぜ宇宙には秩序があるのか。なぜ規則が不規則に適用され、素材がかたちに適用されるのか。われわれの思考が、事物のなかに再発見される根拠は何か。この問題は、古代のひとたちにとっては存在の問題であり、現代人にとっては認識の問題になったものであるが、同じような錯覚から生じたものである。この問題は、無秩序の観念が、人間の作業の領域、私のいう制作の領域においては明確な意味を持つが、創造の領域では意味を持っていないと考えるならば、消滅してしまう。無秩序とは、われわれが求めている秩序ではないということにすぎない。たとえ思考のなかであっても、ひとつの秩序を除去すれば、かならずもうひとつの秩序が現われることになる。たとえ目的や意志がなくても、思考にはメカニズムがあるからである。メカニズムがゆらぐと、意志・気まぐれ・目的性が優勢になる。しかし、あなたがこの二つの秩序のうちの一方を期待しているのに、他方が現われると、あなたはそこに無秩序があるといい、そこにありうるもの、あるはずのものを定式化し、あなたの悔恨を対象化する。このように、すべての無秩序には二つの事物が含まれる。つまり、われわれの外側にひとつの秩序があり、われわれの内側にひとつの異なった秩序の表象があるが、後者の秩序だけがわれわれの関心の対象である。したがって、除去はやはり代置を含んでいる。そして、すべての秩序の除去という観念、つまりひとつの絶対的な無秩序の観念は、真の矛盾を含んでいる。というのは、すべての秩序の除去という観念は、仮定によって、二つの面を含む操作のうちのひとつの面しか作用させないからである。すなわち、絶対的な無秩序という観念は、音のただひとつの組み合わせ、《声の息》しか表象していないか、あるいは、この観念が何かに対応しているとすれば、それはメカニズムから目的性へ、目的性からメカニズムへと飛躍し、自らが存在する場所を示すために、存在しない地点をそのたびごとに示そうとする精神の動きを表わしているかのいずれかである。したがって、秩序を除去しようとすれば、その代わりに二つもしくはそれ以上の秩序が現われてくる。つまり、《秩序の不在》に付け加えられる秩序という考え方には不合理が含まれていて、そこで問題が消え去ることになる。

私がいま示した二つの錯覚は、実際にはひとつの錯覚にすぎない。この二つの錯覚は、空虚の観念のなかにあるものは、充実の観念のなかにあるものよりも少なく、無秩序の観念のなかにあるものは、秩序の観念のなかにあるものよりも少ないと考えるために生ずる。実際には、無秩序と無の観念のなかには、それらの観念が何かを表象するときには、秩序と存在の観念のなかにあるものよりも多くの知的内容がある。というのは、無秩序と無の観念は、複数の秩序、複数の存在を含むからであり、さらに、それらの秩序・存在を無意識的にたくみに処理する精神の運動を含むからである。

ところで、私はいま論じているケースについても、同じ錯覚を見出す。進化のそれぞれの瞬間の根本的な新しさを見そこなっている理論がいくつもあるが、それらの理論の根底には多くの誤解と誤りがある。しかし、特に、可能的なものは実在的なものよりも少なく、したがって事実の可能性が事物の存在よりも先行するという考え方がある。そうすると、事物はあらかじめ表象可能ということになり、実在化される前に思考されうるということになるだろう。しかし、事物はその逆である。もしもわれわれが、持続の影響がないので孤立させることができ、純粋に数学的な法則に従っている閉じられたシステムを別にすれば、具体的な実在の全体、もしくは単に生の世界、まして意識の世界を考慮するならば、継起するさまざまな状態のなかよりも、それらの状態のそれぞれの可能性のなかに、より少ないのではなく、より多くのものが含まれていることがわかる。というのは、可能的なものとは、実在的なもののイマージュがひとたび作られると、過去のなかへそれを投げ返す精神の行為を伴った実在的なものにほかならないからである。しかし、われわれは自分たちの知性の習慣に妨げられてそのことがわからないのである。

第一次世界大戦のあいだ、新聞・雑誌はしばしば現在の恐ろしい不安から眼をそらして、やがて平和が戻ってきたときに何が起こるかということを考えていた。特に文学の未来が関心の対象であった。ある日、その問題について私は意見を求められた。私は少し困ってしまい、そのことについては考えていないと答えた。すると相手は次のように言った。《少なくとも、何か可能な方向は見えませんか。細かいことが予見できないのはわかります。しかし、哲学者としてのあなたは、少なくとも全体についての観念をお持ちでしょう。たとえば、これからのすぐれた演劇作品をどのようにお考えですか。》私が、《これからのすぐれた演劇作品がどんなものかわかっていたら自分で書きますよ》と答えたときの質問者の驚いた様子を、私はいつまでも忘れないだろう。私にはその質問者が、未来の作品を可能的なものを収めた戸棚のようなもののなかにしまってあるものとして考えていることがよくわかった。哲学と私の長いつきあいを考えるとき、私がその戸棚の鍵を持っているはずだということになる。私はその質問者に言った。《しかし、あなたの言われる作品は、まだ可能ではありません。》《でも、そのうち実在化されるのですから、存在しているはずです。》《いいえ、違います。私があなたに同意できるのは、その作品が可能だったであろうということだけです。》《それはどういう意味ですか。》《とても簡単なことです。才能のあるひと、もしくは天才が現われて、ひとつの作品を書くということです。そのとき作品は実在的になり、まさにそのことによって、その作品はあとから考えられたものとして、あるいはあとからさかのぼって作用するものとして、可能になるのです。しかしそのひとが現われなければ、その作品は可能にはならなかったし、可能だったということにもならないでしょう。私がその作品は今日可能であったであろうが、まだ可能ではないというのはそのためです。》《それはちょっと無理です。あなたは未来が現在に影響するとか、現在が過去に何かを導入するとか、時間を逆行する作用があって、過去にしるしを付けるのだと主張しているのではないでしょうね。》《それは状況によります。私は、実在的なものを過去のなかに入れ、それによって時間をさかのぼって作用するなどといったことはありません。しかし、過去のなかに可能的なものを置くことができるということ、あるいはむしろ、可能的なものはあらゆる瞬間に、それ自体で過去のなかに宿ろうとするということは、疑いえません。実在が、予見できずまた新しいものとして創られていくにしたがって、その実在のイマージュは、不確定な過去というしろ側にあるものに反映されます。

このようにして、実在はあらゆる時に可能であったものとして存在します。しかし、まさにこの明確な瞬間に、実在はつねに可能であったということが始まるのです。そしてそれが、実在の可能性は、その実在に先行するものではないが、実在がひとたび現われるならば、実在よりも先行していたであろうという私の主張の根拠です。したがって、可能的なものは、過去に映っている現在の幻像です。そしてわれわれは未来が結局は現在になることを知っており、また幻像の効果はたえず作られ続けているので、明日には過去になるわれわれのいまの現在のなかに、明日のイマージュがすでに包み込まれている——ただしわれわれはそのことを把握してはいない——と考えられるのです。しかし、これは錯覚にほかならないのです。それは、鏡の前に立って、鏡のなかの自分の像を見て、鏡のうしろ側に回れば、その像に触れることができると考えるようなものです。このようにわれわれは、可能的なものが実在的なものを前提にしないと判断することによって、実在化が単なる可能性に何かを付け加えるものであることを認めるのです。可能的なものは、亡霊が自分の出番を待っているように、つねにそこにあったということになります。したがって、可能的なものは、何かを付け加えることによって、血もしくは生を移し入れることによって、実在になるということになります。ひとびとは、実際はこれとは正反対で、可能的なものにはそれに対応する実在が含まれていて、さらにそれに付け加えられるものがあるということをわかっていません。というのは、可能的なものは、一度現われた実在と、それをうしろに投げ返す装置との結合の結果だからです。したがって、存在することによって実在化される可能的なものという観念は、大半の哲学のうちに含まれ、また人間精神にとって自然なものですが、まったくの錯覚です。そのように考えるよりは、生身の人間は鏡で見た像を物質化したものである、なぜなら実在する人間には、潜在的なこの像に見出されるすべてがあり、さらにそれに触れることのできる固さもあるからだ、と主張する方がまだましです。しかし実際には、実在的なものより潜在的なものを得る方がより多くのものを必要とし、また人間そのものより人間の像を得る方が、より多くのものを必要とするのです。というのは、人間の像を描くためには、まず人間を存在させ、またそれに加えて鏡も必要だからです。》

私の対手が未来の演劇作品について私に質問したときに忘れていたのはこのことである。またおそらくそのひとは、《可能》ということばの意味を、無意識のうちにもてあそんでいたのである。多分『ハムレット』は、その実在に超え難い障害がないと了解するならば、実在化される前に可能であった。このような特別の意味で、われわれは不可能でないものを可能と呼ぶ。そして、当然のことであるが、ひとつの事物が不可能でないことが、その実在化のための条件である。しかし、このように理解された可能的なものは、いかなる程度においても潜在的なものではなく、観念的にあらかじめ存在しているものでもない。柵を閉じれば、誰も道を横切れないことはわかる。しかしそこから、柵を開けたときに誰が道を横切るのかを、あらかじめ告げることができるわけではない。《可能》ということばのまったく否定的な意味から出発して、あなたはひそかに、また無意識的に、その肯定的な意味へと移行する。さきほどは、可能性は《障害の不在》を意味していた。いまあなたは、可能性を《観念のかたちになってあらかじめ存在していること》だとしているが、これは《障害の不在》とはまったく別のものである。可能性ということばの第一の意味において、ひとつの事物の可能性はその実在に先行するというのはわかりきったことであった。それは、障害は除去されたのだから除去が可能だったといっているにすぎない。[3] しかし、可能性ということばの二番目の意味においては、それは不合理である。というのは、シェイクスピアの『ハムレット』を、可能なもののかたちでくっきりと思い描いた精神の持主が、それをもとにして実在する『ハムレット』を書いたのは明白なことだからである。したがって、その精神の持主は、定義からいって、シェイクスピアそのひとであった。そのような精神の持主が、シェイクスピア以前に登場できたと想像してもむだである。つまり、あなたはそのときに、この劇のすべてのディテールを考えているのではない。あなたがそれらのディテールを完成させていくにつれて、シェイクスピアに先行したひとが、シェイクスピアがこれから考えることをすべて考え、彼が感じるはずのことをすべて感じ、彼が知るであろうことをすべて知り、したがって彼が知覚するであろうことをすべて知覚し、その結果として、シェイクスピアと同じ空間・時間の点を占め、シェイクスピアと同じ身体、同じ魂を持っていることに気付く。それは、シェイクスピア自身にほかならないのである。

しかし、私は当然のことを主張しすぎている。このような考察のすべては、芸術作品に関して必要なことである。私は、芸術家が作品を創るとき、実在的なものと同時に可能的なものを創造しているのは明白だという結論に、ひとびとが到達すると考える。そうすると、同じことを自然についていうことがおそらくためらわれるのはなぜか。世界は、最も偉大な芸術作品さえも比較にならないほど豊かな、ひとつの芸術作品ではないだろうか。そして、未来があらかじめ素描されている。可能性が実在に先行すると考えるのは、一層不合理とはいわないまでも、同じくらい不合理ではないだろうか。もう一度いっておきたいが、物質的な点から成る閉じられたシステムの未来の状態が計算可能で、その結果として、現在の状態のなかでそれが見えるものになることを私は望んでいる。しかし、くり返すことになるが、このシステムは、固定されていて非有機的である物質のほかに、有機組織をも包含するすべてから、抽出もしくは抽象されたものである。具体的で完全な世界を、それが包みこんでいる生と意識とともに把握せよ。どのような画家のデッサンとも同じように独自で、同じように新しいかたちの新種を生み出す自然全体を考えよ。それらの種において、それぞれ固有の特徴のある植物もしくは動物の個体に接近せよ。固有の特徴よりも、その人格といいたいところである。（というのは、草の葉の一枚が他の一枚と似ていないのは、ラファエロのひとつの作品がレンブラントのひとつ作品に似ていないのと同じだからである。）個々の人間を超えて、どのような演劇とも比較できるような行動と状況をくりひろげる社会にまで上昇せよ。そのときに、それ固有の実在化に先行する可能的なものについて、どうして語れるだろうか。できごとが、それに先立って存在した何らかのできごとによって、いつもそしてあとから説明されるとするならば、それとはまったく異なるできごとも、同じ状況のなかで、どうしてわからないのだろうか。別の仕方で選ばれた先行するものによって、十分に説明されることになるだろう。別の仕方で選ばれた先行するものは、結局はさかのぼってなされる注意によって、別の仕方で切り取られ、別の仕方で配分され、別の仕方で知覚された、同じ先行するもののことである。現在によって過去を、結果によって原因をたえず作り直す作業が、前からうしろへと続けられる。

われわれがこれを認めないのは同じ理由によってであり、いつも同じ錯覚に陥っているからであり、より少ないものをより多いものとして、より多いものをより少ないものとしてつねに扱っているからである。可能的なものを、それ自体の場所に置き直そう。そうすると、進化はひとつのプログラムの実現とはまったく別のものになり、未来への門が完全に開かれ、自由に対して無限の領域が示される。哲学史にはめったにないことだが、世界のなかの不確定と自由とに場所を与えた理論の誤りは、それらの理論で肯定しているものに、何が含まれているかを考えないことであった。それらの理論が不確定と自由について語るとき、不確定とは可能的なもののあいだの競争であり、自由とは可能的なもののあいだの選択であると考えられた。それはあたかも可能性が自由そのものによって創られたのではないかのようであり、他のすべての仮説が、実在的なものよりも可能的なものが先行すると観念のなかで考えることによって、新しいものは古い要素の置き換えにすぎないとしているかのようであり、その仮説が、遅かれ早かれ新しいものを計算可能で予見可能なものとしてはならないかのようである。反対の理論の大前提を認めることによって、敵を自分の陣地に入れてしまったのだ。自分の立場を決めなくてはならない。実在的なものが可能になるのであって、可能的なものが実在になるのではない。

しかし実は、哲学がこの予見できない新しいもののたえまない創造を率直に認めたことはなかったのである。古代の哲学者たちもそれを認めようとはしなかった。多かれ少なかれプラトニズムの立場にあった彼らは、イデアの不動の体系のなかで、「存在」が一度限り、完成され完全なものとして与えられると考えていたからである。したがって、われわれの眼の前で展開される世界は、この存在に何ひとつ付け加えることはできなかった。むしろ、その世界は縮小であり、下落にほかならなかった。この世界の継起するさまざまな状態は、時間のなかに投射された影である存在するものと、永遠のなかに位置するイデアである存在すべきものとのあいだの、大きくなるか小さくなるかのへだたりを測るものであろう。それらの状態は、ひとつの欠落のさまざまな変様、ひとつの空虚の変化していくかたちを素描するだろう。すべてをだめにするものは「時間」ということになるだろう。たしかに、近代の哲学者たちはまったく別の視点に立っている。彼らはもはや「時間」を、割り込んできたもの、永遠を混乱させるものとしては扱わない。ではなくて、彼らは時間を単なる外見に還元したがるだろう。そうすると、時間的なものは合理的なものの混乱したかたちにすぎなくなる。われわれがいくつかの状態の継起として知覚するものは、ひとたび霧が晴れると、関係のひとつのシステムとして、われわれの知性によって理解される。実在的なものはふたたび永遠なものになるが、現象が溶解するのは「法則」の永遠性においてであり、現象のモデルとなるイデアの永遠性ではないというのがただひとつの違いである。

しかし、いずれのばあいも、われわれは理論にかかわっている。そうではなくて、事実にこだわろう。「時間」は直接に与えられる。われわれにとってはそれで十分である。そして、時間が存在せず、あるいは悪いものであることが立証されるまでは、われわれは予見できない新しいものが実際にほとばしり出るのを確認するだけにしておこう。

そうすることによって、哲学は、さまざまな現象から成る動いている世界のなかで、絶対的な何かを発見するという成果を得るだろう。しかしわれわれもまた、さらに楽しく、さらに力を得たと感じるという成果を得るだろう。さらに楽しくなるのは、われわれの眼前で創られる実在は、幸運なひとたちに芸術が時折提供するような満足を、たえずわれわれひとりひとりに与えるからである。この実在は、たえまのない必要性によって眠らされているわれわれの感覚が認める、固定したもの、単調なものの向こう側に、くり返し再生する新しいもの、事物の動的な独自性を発見させる。しかし、特にわれわれはさらに力を得る。というのは、自分自身の創造者であるわれわれは、事物の根源にあり、われわれの眼前で進行している創造という大きな仕事に参加していると感じるからである。われわれの行動能力は、自らをふたたび把握することによって強力になるだろう。いままで、おとしめられて服従の態度を取り、何らかの自然の必然の奴隷であったわれわれは、より大きな「主」と結びついた主人として立ち直るであろう。これが私の結論になるだろう。可能的なものと実在的なものとの関係についての考察を、単なるたわむれと見るのはやめよう。このような考察こそは、よりよく生きるための準備になりうるのである。

Ⅳ　哲学的直観

ボローニア哲学会議での講演
（一九一一年四月一〇日）

私は、哲学的な精神について考えたことをみなさんにお話ししたいと思います。いま形而上学は単純なものになろうとし、また生活にいっそう近付こうとしているように私には思われますし、それはこの会議でのいくつかの報告が示していることでもあります。私はそれには理由があると考えます。そしてその方向でわれわれは仕事をしなければなりません。しかし私は、それによってわれわれが革命的なことをしているわけではないと思っています。われわれは、あらゆる哲学の根底にあるものに、最も適切なかたちを与えるだけにしておくでしょう。私が言いたいのは、その機能と方向について充分に意識しているあらゆる哲学のことです。と申しますのは、表現を複雑にすることによって、精神の単純さを見失うことがあってはならないからです。ひとたび定式化されてしまった学説、そしてそれらの学説が、先行する哲学の結論と、得られた知識の全体とをまとめているように見える綜合だけを考えていると、哲学的思考のなかで本質的に自発性のあるものを見落とすおそれがあります。

われわれのなかで哲学史を教えているすべてのひとたち、同じ学説の研究にしばしば立ち帰って、しだいにそれを深める機会のあるすべてのひとたちが表明できたひとつの意見があります。ひとつの哲学体系は、まず第一に完全な構築物、巧みな建築として作られているように見えます。この構築物・建築に似た哲学体系では、あらゆる問題が適切に位置できるように、要素が配置されていたように見えます。このようなかたちの哲学体系を考察するとき、われわれは職業的な満足感でさらに高まった、美的な喜びを経験します。実際、われわれはこの複雑な哲学体系のなかに秩序を発見するだけではありません。（それは、記述することによって、われわれが完全なものにするのを楽しむこともあるような秩序です。）それだけではなく、材料がどこから来たのか、どのようにそれが構築されたのかがわかるという満足感も得るのです。その哲学者が提起した問題のなかに、われわれは彼のまわりで取り上げられているさまざまな問いを認めます。われわれは、その問題についての哲学者の解決のなかに、いままでの哲学、もしくは同時代の哲学の諸要素が、きちんと整理されているか、あるいは乱れてはいるものの、しかしほとんど変えられない状態で再発見されると考えているのです。こうした見方はこの要素によって与えられたはずであり、別の見方はあの要素によって示唆されたはずだということになるのです。その哲学者が読み、理解し、学んだことを材料にすれば、おそらくわれわれは彼がなしとげたことの大半を再構成できるでしょう。そうするとわれわれは、仕事を始め、起源にさかのぼり、影響を推測し、類似しているものを抽出し、最後には、その学説のなかに探していたものをはっきりと認めることになります。これは、その哲学者がそれを環境として生きてきた観念を、多かれ少なかれ独自に綜合したものになるというわけです。

しかし、すぐれた哲学者の仕事にくり返して接していると、しだいにそれが自分に浸透してきて、われわれはまったく異なった感情を持つようになります。私は、最初に行なった比較が時間の浪費だったとは申しません。哲学以外のもので哲学を再構成し、哲学のまわりにあったものと哲学とを結びつけようとする、あらかじめなされたこの努力がなければ、おそらくわれわれは本当の哲学にはけっして到達しないでしょう。といいますのは、人間の精神はそのように作られていて、新しいものを理解し始めるのは、新しいものを古いものへと戻そうとするあらゆる試みをしてからのことだからです。しかし、その哲学者の思想のまわりを回るのをやめて、その思想のなかに自らを置こうとするにつれて、われわれにはその哲学者の思想の変化がわかります。まず、複雑なものが少なくなっていきます。その次に、部分が相互に浸透し合います。最後に、すべてがただひとつの点に集まり、その点に到達することは断念しなくてはならないとしても、しだいにそこに接近していくことはできると感じます。

この点には、何か単純なものが存在します。それは無限に単純で、極度に単純なので、その哲学者はいままでそれが何であるのかを語ることができませんでした。彼が一生涯語り続けたのはそのためです。彼は、自分の精神のなかにあるものを定式化できても、その定式を訂正しなければならないと感じ、さらにその訂正をまた訂正しなければならないと感じるほかはありませんでした。このように、理論から理論へと移っていくとき、その理論を修正しながら、自分では自らを完成させていくと思っていても、彼がしたことは、複雑化を重ね、展開を重ねることによって、しだいに大ざっぱに自分の最初の直観の単純性を回復させることにすぎませんでした。したがって、無限にまで続く彼の理論の複雑さは、彼の単純な直観と、それを表現するための手段とのあいだに共通なものがないということにほかなりません。

この直観とは何でしょうか。その哲学者が直観についての定式を作れなかったとしたら、私にもできないでしょう。しかし、私がやがてふたたび把握し、固定化することができるのは、具体的な直観の単純さと、直観を表現する抽象作用の複雑性とのあいだにある、何らかのイマージュです。このイマージュは逃げ去りがちで、消えてしまうものですが、おそらくは知覚されないまま哲学者の精神にまとわりつきます。哲学者は、このイマージュを、自分の思考の回り道をたどる往復運動を通じて、自分の影のように追いかけます。このイマージュは直観そのものではありませんが、必然的に記号を使ってなされる概念による表現よりも、もっと直観に接近します。直観は、《説明》を与えるためには、概念的表現に頼らなければならないのです。この影をよく見ましょう。そうすると、この影を作っている物体のあり方がわかってくるでしょう。そして、もしもこのあり方を模倣する努力をするならば、あるいはむしろこのあり方のなかに入っていく努力をするならば、当の哲学者が見ていたものが、可能な限り見えてくるでしょう。

　このイマージュの第一の特徴は、そこに含まれている否定の力です。みなさんは、ソクラテスのダイモンがどのように行動したかを覚えておられるでしょう。ダイモンは、一定の瞬間にソクラテスの意志の働きを停止させ、ソクラテスがしなければならないことを命令するのではなく、むしろ彼の行動を止めたのです。私には、直観はしばしば思考に関して、実際の生活でのソクラテスのダイモンのように作用するように思われます。少なくとも直観は否定というかたちで始まるのであり、最も明確に表現され続けるのです。つまり、直観は禁止するのです。一般に受け入れられている考え方、明白と思われるテーゼ、これまで科学的なものとして通用してきた意見を前にして、直観は哲学者の耳にそれは不可能だとささやくのです。たとえ事実と理由があって、確かだと信じさせようとするばあいでも、不可能だと言うのです。不可能だというのは、おそらく混乱はしているものの、しかし決定的な経験が私の声を借りて、その経験は主張されている事実、示されている理由と一致せず、したがってその事実は観察の誤りであり、その理由は虚偽だと告げるということなのです。否定というこの直観の能力は特異な力です。どうして直観は、哲学史の研究者たちの注意を惹かなかったのでしょうか。その思考がまだ不確かで、学説には決定的なものが何ひとつない段階での哲学者の第一歩が、何かを決定的に拒絶することであるのは見えないものなのでしょうか。あとになってその哲学者は、自分の肯定することを変えるかもしれませんが、自分が否定するものを変えることはけっしてないでしょう。そして、もしも彼が肯定することを変えるとすれば、それもまた直観もしくはそのイマージュに内在する否定の力によってでしょう。彼は直線的な論理の規則に従って、いくつかの結論が出されるのを、怠惰な気持で傍観するでしょう。ところが、いまや突然に、自分自身が肯定することを前にして、最初ほかのひとの肯定を前にして感じたのと同じ、不可能だという感情を経験します。実際、自分の思考がたどる曲線から離れて、その接線をまっすぐにたどるとき、彼は自分自身の外側にいることになります。彼が直観に戻るとき、自分のなかに戻るのです。このような出発と帰還とによって、《発展する》学説、つまり、自らを見失い、再発見し、そして限りなく訂正していく学説のジグザグ運動が作られるのです。

このような複雑な状況から脱出して、単純な直観、少なくともこの直観を表現しているイマージュの方へとさかのぼることにしましょう。そうすると、われわれはその学説が依拠していると思われた時間と場所のさまざまな状況から、その学説が解放されるのを見るのです。おそらく、その哲学者がかかわっている問題は、その時代において提起された問題です。彼が用いたか、あるいは批判した学問は、彼の時代の学問でした。彼が示す理論のなかには、探してみれば、彼の同時代人や、彼以前のひとたちの考え方が見つかることさえあるでしょう。そうでないことがあるでしょうか。新しいものを理解させるためには、どうしても古いものを使って、それを表現しなければなりません。また、すでに提起されている問題、それに対して与えられた解決、彼が生きた時代の哲学と学問は、それぞれの思想家にとっては、自分の思想に具体的なかたちを与えるために使わなくてはならなかった材料です。あらゆる哲学を、ひとびとが知っているすべてを包含するひとつの完全な体系として提示することが、古代からの伝統であることは、この際考えないことにしましょう。しかし、学説の表現手段にすぎないものを、その学説の構成要素と考えるのはまったくの誤りです。これが、先刻申しましたように、ひとつの体系について考えようとするときに出会う第一の誤りです。多くの部分的な類似がわれわれに強い印象を与え、多くの比較が必要と思われ、数多くの、また切迫した要求が、われわれの創意と学識とに対してなされるので、われわれはあちらこちらで捉えた思想の断片で、すぐれた哲学者の思考を再構成したくなります。そのばあい――われわれにその力があることは示した通りですが――きれいなモザイクの作品を作り上げることができたとして、彼を賞賛することになります。しかし、この錯覚は長く続きません。といいますのは、その哲学者がすでに語られてきたことを反復しているように見えるときでさえ、彼が自分の流儀で考えていることが、やがてわかってくるからです。そのときわれわれは、彼の思考の再構成をあきらめます。しかし、それはまた新しい錯覚に陥る結果になることが多いのです。それはおそらく最初の錯覚よりも重大ではないとしても、もっと執拗なものです。われわれは、たとえそれがすぐれた哲学者の学説であっても、その学説はいままでの哲学から派生してきたものとして、また《進化のひとつの瞬間》を表わすものとして考えがちです。たしかに、そのように考えても、まったくのまちがいというわけではありません。なぜなら、ひとつの哲学は、寄せ集めというよりも有機体に似ていて、ここでは構成よりも進化について語る方が重要だからです。しかし、この新しい比較は、思想史に対して実際に見出される以上の連続性を与えるものであり、また、根底にある新しさと単純さに指を触れるようにわれわれを誘い込むことをしないで、体系の外側に見える複雑さと、体系の表面的なかたちのなかにある予見できるものとに、われわれの注意を集中させ続けるという不都合を含んでいます。その名に値する哲学者は、ひとつのことしか言いませんでした。本当にそれを言ったというより、言おうとしたのです。そして、彼がひとつのことしか言わなかったのは、ひとつの点しか見ていなかったからです。しかもそれは、見ることであるよりも、むしろ触れることでした。この接触が刺激を惹起し、その刺激が運動を惹起します。そして、特別なかたちのつむじ風のようなこの運動が、進んで行く途中で集めたほこりを通してしかわれわれの眼に見えないものだとすれば、ほかのほこりも舞い上がって、同じつむじ風であったという可能性もあったはずです。このように、世界に何か新しいものをもたらす思考は、その思考が出会い、自分の運動のなかに引きずりこむ、すでに作られてあった観念によって表現されるほかはないのです。このように、その思想は哲学者が生きた時代に相対的なものとして現われます。しかし、それはしばしば外見上のことにすぎないのです。その哲学者は、何世紀か前に登場することもできたのです。そうすれば彼は、違った哲学、違った学問とかかわったかもしれません。違った問題を自らに与え、違った定式で自分の考えを表現したかもしれません。おそらく、彼が書いた本の一章たりとも、いまあるがままのものではないでしょう。それにもかかわらず、彼は同じことを言ったはずです。

ひとつの例を選ばせて下さい。私は、みなさんの研究者としての記憶に呼びかけます。また、もしもよろしければ、いくつかの私の記憶も呼びおこしましょう。コレージュ・ド・フランスの教授である私は、毎年二つの講義をしていますが、そのひとつを哲学史にあてています。それで私は、ひきつづきここ数年のあいだ、私が述べてきたような経験を、バークリーと、そのあとスピノザに即してすることができました。ですが、私はスピノザについては言わないことにします。長くなりすぎるおそれがあるからです。ですが、私は『エチカ』のような著作にある形式と内容の対照ほど教えられることの多いものを、ほかには知りません。つまり、一方には、「実体」「属性「様態」と呼ばれる、非常に大きなものがあり、定義・系・注がもつれあった定理の恐るべき列があり、また『エチカ』に接した初心者を、ドレッドノート型の戦艦を前にしたときのような驚きとおそれで圧倒する、複雑なからくりと破壊力があります。しかし他方では、何か微妙で、非常に軽くて、ほとんど空気のようなものがあります。それはわれわれが近付くと逃げて行き、遠くからでも見ようとすると、どんなものも、重要と思われているもの、「実体」と「属性」の区別、「思惟」と「延長」の区別さえも、わからなくなってしまいます。それは、デカルトの哲学やアリストテレスの哲学と結び付いたさまざまな概念の重いかたまりの背後にある、スピノザの直観です。それを表現できるほど簡単な定式がないような直観なのです。それは、アレクサンドリア学派のいう《帰入》が完全になれば、彼らのいう《発出》と同じものになるという考えであり、また、神性から出てきたものである人間は、ふたたび神性のなかに戻るとき、行きと帰りという反対方向の二つの運動を見たのに、人間はただひとつの運動しか見ないという考え方です。このばあい、精神的な経験は論理的な矛盾を解決し、時間を突然に除去することによって、帰ることを行くことにしなければならないのです。われわれがこの根源的な直観にさかのぼるにしたがって、もしもスピノザがデカルトより前に生きていたら、おそらく違ったことを書いたであろうが、しかしスピノザが存在し、書いている限り、われわれにはまったく同じスピノザの哲学があるのだということを理解します。

次に私はバークリーについてお話しします。そして私が例として考えるのがバークリーなのですから、私が彼の考え方を詳細に分析しても差し支えはないと思います。その分析を短くすれば厳密さをそこなうことになるでしょう。バークリーの著作を少しひもとくならば、それが自から四つの基本的なテーゼに要約されるのがわかるでしょう。第一のテーゼは、ある種の観念論を規定するもので、それは視覚についての新しい理論と結び付きますが（バークリーは、慎重にもこの理論を独立したのものとして提示しようと判断しました）、《物質は観念の集合である》という表現で定式化されます。第二のテーゼは、抽象的で一般的な観念はことばに還元されると主張するもので、これは唯名論のテーゼです。第三のテーゼは、精神の実在性を認め、精神の特徴は意志であるとします。それは唯心論・意志主義であるとしておきましょう。第四のテーゼは理神論と呼べるもので、主として物質を考えることに基づいて神の存在を示すものです。ところで、バークリーと同時代もしくは彼より前の哲学のなかに、ほとんど同じことばで表現されたこの四つのテーゼを見出すことはきわめて容易です。第四のテーゼは、神学者たちのなかにもあります。第三のテーゼはドゥンス・スコトゥスにありましたし、デカルトも同じようなことを言っています。第二のテーゼは、中世において論争を招いたものですが、そのあとホッブスの哲学の不可欠な部分になりました。第一のテーゼは、マルブランシュの《機会原因論》にたいへんよく似ています。この考え方は、デカルトのテクストのなかにその思想がありますし、表現されてさえもいます。夢には実在性のあらゆる外観があり、個別的に考えられたわれわれの知覚のなかに、われわれの外側にある事物の存在を保証するものは何もないのだということを認識するためには、デカルトを待つ必要はありませんでした。このように、すでに古代の哲学者において、あるいはそこまでさかのぼらなくても、デカルト、ホッブス、さらにロックを付け加えることができると思いますが、彼らにおいて、バークリーの哲学の外側を再構成するのに必要な要素がそなわっています。バークリー独自の理論としては、せいぜいその視覚論だけが残ることになるでしょう。視覚論はバークリー独自の理論であり、ほかの仕事から際立っているその独創性は、彼の学説全体に独創的な特性を与えています。そこで、古代・近代の哲学の肉片を同じ容器に入れ、ヴィネガーとオイルの代わりに、数学的な独断論に対する攻撃的ないらだたしさと、理性と信仰とを妥協させたいという、哲学者であり司教でもあったバークリーの自然な願望とを加味し、丹念に混ぜてかきまわし、それにフィーヌゼルグ〔ハーブの香料〕と、新プラトン派から借りてきたいくつかのアフォリズムを付け加えましょう。そうすれば、おかしな表現かもしれませんが、バークリーが作ったものに十分に、そしてはっきりと似たサラダができあがります。

　ところが、このように考えても、バークリーの思想のなかには入り込めないでしょう。私は、細かな説明に関してバークリーが直面した難問や解決不可能な問題については論じません。多くの一般的観念を、神的な知性作用に内在する永遠の本質にしてしまう《唯名論》は、何と奇抜なものでしょう。それは、物体の実在を奇妙にも否定するもので、この否定は、知覚と夢とを同じものとする貧弱な観念論とは、可能な限り異なった豊かな理論である、物質の性質についての実証的な理論によって表現されています。私がいいたいのは次のことです。つまり、私が区分した四つのテーゼを、まず最初は相互に接近させ、そのあとで相互に浸透させない限り、バークリーの哲学を注意して検討することができず、四つのテーゼを相互に接近させ、浸透させることによって、それぞれのテーゼが他の三つのテーゼを取り入れて大きくなり、浮き彫りにされ、厚みを持つようになり、表面上ならばそれと一致できたそれ以前の理論、または同時代の理論とは徹底的に区別されるように思われるということです。おそらく、そこからは学説が寄せ集めとしてではなく有機体として現われてくるこの第二の視点は、まだ決定的な視点ではありません。しかし、この第二の視点の方が真実に近いのです。私はあらゆるディテールに入ることはできませんが、四つのテーゼのうちのひとつまたは二つから、どのようにしてほかのどのテーゼも導き出せるのかを示さなければなりません。

　観念論を考えることにしましょう。それは単に物体は観念であるといっているだけではないのです。そういってみても、何の役にも立ちません。物体に関して経験によって確認するすべてのことを、これらの観念についても確認しなければなりません。そうすれば、ことばをひとつ置き換えるだけですむことになります。バークリーは、自分が生きるのをやめたときに、物質が存在しなくなるとは、けっして考えないからです。バークリーの観念論がいっているのは、物質は、物質についてのわれわれの表象と同じ拡がりを共有しているということなのです。そして、物質には内側も下の部分もなく、隠しているものも含んでいるものもなく、いかなる可能的な力も潜在性もなく、表層で拡がっていて、あらゆる瞬間に、物質が与えるもののなかにすべてを維持しているのです。通常、《観念》ということばは、この種の実在、つまり完全に現実化されていて、存在と外見とが一致しているような実在を示します。これに対して、《物》ということばは、同時に可能性の容器であるような実在をわれわれに考えさせます。そのためにバークリーは、物体を物と呼ぶよりも観念と呼びたかったのです。しかし、《観念論》をそのように見るならば、それが《唯名論》と一致することがわかります。というのは、この第二のテーゼは、バークリーの精神のなかで明確に確認されるにしたがって、明らかに抽象的な一般的観念の否定へと限定されてくるからです。抽象的というのは物質から抽出されたということです。実際、何も含んでいないものから何かを抽出することはできず、したがって、ひとつの知覚から、その知覚以外のものを導き出せないのは明白なことです。色は色にほかならず、固さ（résistauce）は固さにほかなりませんから、固さと色とのあいだに共通なものは見つからず、視覚に与えられたデータから、聴覚のデータと共通する要素を引き出すことはできません。それらのおのおののデータから、すべてに共通の何かを抽象化すると主張しても、この物をよく見るならば、あなたはひとつのことばにかかわっていることがわかるでしょう。それがバークリーの唯名論です。しかしそれは同時に『視覚新論』です。視覚的であると同時に触覚的でもある拡がりが、ひとつのことばにすぎないとすれば、あらゆる感覚にかかわる拡がりは、さらにひとつのことばだということになります。これもまた唯名論ですが、しかしそれは、物質についてのデカルトの理論に対する反論でもあります。これからは、拡がりを論ずるのはやめましょう。言語の構造から考えるとき、《私はこのように知覚する》と《この知覚が存在する》という二つの表現は、同じ意味ですが、あとの表現は、まったく異なった知覚の記述に、同じ《存在》ということばを使うことによって、それらの知覚に共通なものがあるとわれわれに思わせ、また、それらの違いがひとつの基本的な統一性、実際には基体となった存在ということばにすぎないひとつの《実体》の統一性を覆い隠しているとわれわれに想像させている、そのことだけを確認しておきましょう。この考え方こそが、バークリーの観念論そのものです。そして、すでに申しましたように、この観念論は、バークリーの唯名論と一体になっています。――ここで、バークリーの神についての理論、精神についての理論に進みたいと思います。もしもひとつの物体が《観念》から作られているとするならば、あるいは、言いかえれば、もしもひとつの物体がまったく受動的で完結しており、力と潜在性を欠いているとすれば、それはほかの物体に対して作用を及ぼすことができないでしょう。そうしますと、物体の運動は、それらの物体そのものを作り、宇宙が立証している秩序を考えますと、知的な原因以外のものではありえないような、能動的な力の結果であるはずです。もしも、物質の平面上に、われわれによって多かれ少なかれ人工的に構成された、物もしくは知覚のグループに与えたいくつかの名を、一般的観念という名のもとに実在として確立するとき、われわれが誤っているとしても、物質が拡がっている面のうしろ側に、神の意志を発見したと考えるばあいには、誤ってはいないのです。表層にしか存在せず、物体と物体とを結びつける普遍観念は、おそらくひとつのことばにすぎません。しかし、深層に存在している普遍観念は、物体を神と結びつけ、あるいはむしろ神から物体へと下降するものであって、ひとつの実在です。そして、このようにして、バークリーの唯名論は、まったく自然に、われわれが『サイリス』のなかに見出し、誤ってネオプラトニズムの空想だと考えてきた学説の展開を求めます。ことばを換えていいますと、バークリーの観念論は、神を物質のあらゆる現象の背後に位置させる理論のひとつの側面にほかなりません。結局、もしも神がわれわれのおのおののなかに、知覚、あるいはむしろバークリーのいうように《観念》を刷り込むならば、それらの知覚を拾い集めるか、あるいはむしろ待ち受けている存在は、観念とはまったく逆のものです。それはひとつの意欲ですが、神の意欲によってたえず制限されている意欲です。この二つの意欲が出会う点が、まさにわれわれが物質と呼ぶものです。もしも知覚されること（percipi）が純粋な受動性であるとすれば、知覚すること（percipere）は純粋な能動性です。したがって、人間の精神と物質と神の精神は、相互を媒介にすることによってのみ表現されることができる項となります。そして、バークリーの唯心論は、他の三つのテーゼのひとつの面にすぎないことがわかります。

　このように、このシステムのさまざまな部分は、ひとつの生命体のように、相互に浸透し合っています。しかし、私が最初に述べましたように、おそらくこの相互浸透の状況は、その学説の身体がどういうものかについてさらに正しく教えてくれるでしょうが、しかしその学説の魂にまでは、まだわれわれを到達させはしないのです。

　もしわれわれが、先ほど私が話しました媒介するイマージュに到達できるならば、その学説の魂に近付くでしょう。そのイマージュは、まだ見えるものである限りにおいてはほとんど物質であり、もはや触れることができない点ではほとんど精神です。それは、われわれがあの学説の周囲をまわっているあいだ、われわれにつきまとう亡霊ですが、この学説に対して決定的な合図、つまり、いかなる態度をとり、どのような視点から見るべきかという指示を得るためには、この亡霊に声をかけなければなりません。バークリーの著作の研究を進めるにつれて、解釈者の精神のなかに描かれる媒介するイマージュは、そのようなものとして、バークリーの思考のなかにかつて存在したのでしょうか。それは、たとえそのようなイマージュではないとしても、異なった知覚の領域に属していて、このイマージュとはいかなる物質的な類似点もないようなイマージュ、それにもかかわらず、同じ原文を異なった言語にするときの二つの翻訳が等価であるように、前者のイマージュと等価のイマージュだったのです。おそらくこの二つのイマージュ、おそらくやはり等価である別のイマージュさえも、すべて同時に現前し、この哲学者の思考の展開にしたがって、彼の歩みとともに進行したものだったのです。あるいは、おそらくこの哲学者はいかなるイマージュも知覚せず、直観そのものであるもっと微妙なこの物との直接的な接触を遠くからするだけにしていたのかもしれません。しかしそうするとわれわれ解釈者は、媒介となるイマージュを再構成しなければなりません。そのとき、《根源的な直観》をあいまいな思考として、《学説の精神》を抽象作用として考えてしまうおそれがあります。しかし、この精神こそ最も具体的なものであり、この直観こそ、バークリーの哲学体系のなかで最も明確なものなのです。

　バークリーのばあい、私は二つの異なったイマージュがあると考えます。そして、私に最も強い印象を与えるイマージュは、バークリー自身が完全な説明をしているイマージュではありません。バークリーは、物質を人間と神のあいだにある、透明な薄いフィルムのようなものと考えていたように思われます。物質は、哲学者たちがかかわらない限り透明のままであり、そのとき神は物質の向こうに透けて自らを現わします。しかし、形而上学者もしくは形而上学者としての常識がこの物質に触れると、フィルムはくもり、厚くなり、不透明になって、スクリーンに変わります。といいますのは、「実体」「力」、抽象的な「拡がり」といったことばがフィルムの背後にすべり込み、ほこりの層のようにそこに溜って、われわれが神を透かして見ることができないようにするからです。バークリー自身、《われわれはほこりを舞い上がらせておいて、何も見えないと不平を言う》と、はっきり言ってはいますが、彼自身はイマージュについてほとんど説明していません。しかし、バークリーがしばしば言及するもうひとつの比喩があります。それは、私が先ほど言いました視覚的イマージュを、聴覚的イマージュに置き換えたものにほかなりません。つまり、物質とは、神がわれわれに語る言語なのです。物質についての形而上学は、シラブルのひとつひとつを厚くして自らに与え、それを独立した実体に作り上げるのですが、それによって、意味に対するわれわれの注意を音の方に向けさせ、神のことばをたどれないようにするというのです。しかし、いずれの立場によるとしても、両者どちらのばあいにもわれわれは、いつも眼を向けていなければならない単純なイマージュにかかわっているのです。といいますのは、このイマージュは、学説を生む直観ではないとしても、その直観から直接に派生してきたものであり、個別のどのテーゼよりも、またそれらのテーゼの結合よりも、その直観にさらに接近しているからです。

われわれはこの直観そのものを、ふたたび把握できるでしょうか。われわれの表現手段は、概念とイマージュという二つがあるだけです。体系が展開されるのは概念によってです。体系をもとの直観へと戻すときに、体系がふたたび固まるのはイマージュにおいてです。もしもわれわれが、イマージュよりももっと高いものを求めて、イマージュを超えようとするならば、われわれはまた概念のところに降りてきます。しかもそれらの概念は、われわれがイマージュと直観を求めて出発したときの概念よりも、もっとあいまいで、もっと一般的なものです。したがって、根源的な直観も、その源泉から出たところで、びんにつめられてこのようなかたちになってしまうと、最もつまらなく、最も冷たいものに見えるでしょう。それは平凡そのものになるでしょう。たとえば、バークリーは人間の魂を、ある部分では神と結びついているが、別の部分では独立していると考えているとか、また、二つの能動性のあいだに絶対的な受動性であるような何かが介在しないとするならば、もっと高度の能動性にたどりつくことができるような不完全な能動性として、あらゆる瞬間に自らを意識しているなどとわれわれが述べるとします。そうするとわれわれは、バークリーの根源的直観について、直接に概念に翻訳できるすべてを表現することになるでしょう。しかし、それによってわれわれが得るものは、きわめて抽象的であるために、ほとんど空虚なものでしょう。ほかにもっといい表現が見つけられませんので、こういう言い方でがまんしておきますが、なんとかそこに多少の生命を吹き込むようにしてみましょう。この哲学者の書いたものをすべて集め、散乱しているそれらの観念を、それらが降りてきたもとのところにあるイマージュへとさかのぼらせましょう。今はイマージュのなかに閉じ込められているそれらの観念を、イマージュと観念とで大きくなりつつある抽象的な表現へと高めましょう。そして、この表現にこだわり、きわめて単純なこの表現がさらに単純に、より多くの事物をそのなかに含ませられるほど単純になっていくのを見つめましょう。この表現を高めるとともに自分たちをも高め、学説のなかでは拡がりとして与えられたすべてを、緊張状態で収縮させる地点の方へと高めましょう。そうすると、飛躍を与える衝動、すなわち直観そのものが、ほかの方法では接近できなかった力の中心から、どのように現われてくるかがわかるでしょう。バークリーの四つのテーゼはここを出発点にしています。それは、この運動がその途中で、バークリーの同時代人たちが提起した観念と問題に出会ったからです。別の時代であれば、バークリーはおそらく別のテーゼを作ったでしょう。しかし、運動が同じだったので、それらのテーゼは同じ仕方で相互に位置付けられたのです。新しいフレーズのなかの新しい語が、相互に構成する関係のなかで、古い意味が流通しているように、それらのテーゼは相互に同じ関係を持つことになるでしょう。そしてそれは同じ哲学だということになるでしょう。

したがって、以前の哲学と同時代の哲学とに対するひとつの哲学の関係は、もろもろの体系の歴史についての何らかの考え方がわれわれに想定させるようなものではありません。哲学者は、すでに存在している観念を、上位の綜合のなかに溶け込ませたり、新しい観念と結合させるために使うのではありません。それでしたら、われわれは話をするためにまず語をさがし、次にひとつの思考を使ってそれらの語をまとめるのだと考える方がいいということになるでしょう。語とフレーズの上に、フレーズよりも、さらには語よりももっと単純な何かがあるというのが事実なのです。つまり、意味があるということですが、それは、思考された物というよりもむしろ思考の運動であり、運動というよりもむしろ方向という意味なのです。そして、胎生の段階にある生命に与えられた衝動が、原初の細胞の分割を決定し、それがさらに分割していく細胞になり、最後には完全な有機体が形成されるように、思考のすべての行動の特徴となる運動は、それ自体をしだいに細分化することによって、思考が精神の継起的な面に徐々に重ねられるようにし、最後には、ことばの面に到達するようにさせるのです。そこでは、思考はひとつのフレーズによって、すなわち、あらかじめ存在するさまざまな要素のひとつの集まりによって表現されます。しかし思考は、その集まりの重要な要素を、ほかの要素が補助的なものである限り、ほとんど自由に選ぶことができます。つまり同じ思考は、まったく異なった語が相互に同じ関係にある限り、それらの語から作られるさまざまなフレーズによって表現されます。これがことばのプロセスです。そしてそれはまた、ひとつの哲学が作られていく操作でもあるのです。哲学者は、すでに存在している観念から出発するのではありません。哲学者は、すでに存在している観念に到達するのだとしか言えないのです。そして哲学者がそのような観念に到達するとき、このようにして彼の精神の運動のなかに引き込まれた観念は、語がフレーズからその意味を受け取るように新たな生命を吹きこまれるので、渦巻の外側にあったものとはもはや違ったものなのです。

ひとつの哲学体系と、その哲学者が生きていた時代の科学的認識の全体とのあいだにも、同じような種類の関係が見出されるでしょう。哲学者のあらゆる努力は、個別的な科学の成果をひとつの綜合のなかにまとめようとすることだとする、哲学についてのひとつの考え方があります。たしかに、長いあいだにわたって哲学者とは、普遍学を保持しているひとのことでした。そして今日でさえ、個別的な科学は数多くあり、方法は多様で複雑であり、集められた事実は非常に多いので、人間のあらゆる知識をたったひとりの頭脳のなかに蓄積することはできません。哲学者は普遍学者ですが、それは彼がすべてを知ることはできないとしても、彼が学ぶ状態にあってはいけないものは何ひとつないという意味においてです。しかしそこから、哲学者の仕事は、すでに作られてある科学を把握し、それを高度の普遍性へと高め、密度をしだいに濃くすることによって、知識の統合と呼ばれてきたものへと科学を導くことだという結論になるのでしょうか。哲学についてこのような考え方を提示することが、科学の名において、科学への敬意によってなされるとすれば、それは異様なことと思われます。科学にとって、これほど不快なことはなく、科学者にとってこれほど礼を失したことはほかにはありません。どうしてでしょうか。ここにひとりの男がいて、長いあいだひとつの科学的方法を実践し、苦労してその結果を理解したとします。そのひとがわれわれに次のように言うとしましょう。《理性の働きに助けられた経験は、この点まで到達する。科学的認識はここに始まり、あそこで終る。これが私の結論だ。》そうしますと、哲学者には次のように答える権利があるでしょうか。《わかった。私に任せてほしい。あなたは、私のすることがわかるでしょう。あなたが不完全なまま私に持ってきた知識を、私が完全なものにしよう。あなたがばらばらのまま私に示すものを、私がまとめよう。同じ材料を使い、同じ種類の作業をしても、私はあなたより多くのことをするし、もっとよい仕事をするだろう。同じ材料というのは、私はあなたが観察してきた事実だけを材料にするからであり、同じ種類の作業というのは、私はあなたと同じように帰納と演繹しか用いないからだ。》実際には、これは奇妙な主張です。哲学者の仕事は、それをするひとに、科学と同じ方向で科学よりももっと先へ進む力を、どのようにして与えるのでしょうか。科学者たちのなかに、ほかの科学者たちよりももっと先へ進み、自分たちの研究の成果を一般化する能力のあるひとたちがいるということ、また、うしろに戻り、ほかの科学者たちの方法を批判する能力のあるひとたちがいるということ、ことばの特別な意味で、そのひとたちを哲学者と呼ぶこと、それぞれの科学はこのように理解される限りでの哲学を持つことができるし、持たなければならないということ、私はそれらのことを誰よりもまず認めます。しかし、それでもなおこの哲学は科学の哲学であり、この哲学を作るひとはやはり科学者なのです。先ほどのばあいとは違って、哲学を実証科学として作り上げることも、哲学的精神の力だけで、同じ事実を一般化することによって、科学よりも高いところに位置するのだと主張することも、もはや問題ではないのです。

　哲学の役割をこのように考えるのは、科学にとって不当なことになるでしょう。しかしそれは、哲学にとってはもっと不当なことなのです。もしも科学者が、一般化と綜合を進める途中、ある地点で立ち止まるならば、われわれについての客観的な経験と確実な推論とによって進むことを可能にするようなものが、そこで停止することは明白ではないでしょうか。そうしますと、同じ方向により速くまで進んでいると主張しながら、われわれは終始一貫して任意なところに、あるいは少なくとも仮説的なところに位置することにはならないでしょうか。哲学を、科学の一般性を超えるような一般性の集まりとして考えるのは、哲学者が適当なところで満足し、哲学者にとっては蓋然性だけで十分だと思いたいということなのです。われわれの議論を遠くから注目しているひとたちの大半にとって、われわれの領域が実際には単なる可能なものの領域か、せいぜい蓋然的なものの領域であるということを私は知っています。彼らは、哲学は確実性が終るところから始まると進んでいうでしょう。しかし、われわれのうちの誰が、哲学に対してそのような位置を望むでしょうか。おそらく、哲学がわれわれに与えるものは、そのすべてが等しく立証されているわけでもなく、立証されうるものでもないのです。そして、多くの瞬間、多くの点で、精神に危機を受け入れるように求めるのが、哲学的方法の本質なのです。しかし、哲学者がこのような危険を冒すのは、ある確信を持っているからであり、絶対に確かだと感じている何かがあるからにほかならないのです。その哲学者は、彼の力の源泉である直観をわれわれに伝えるのですが、その伝える仕方に応じて、われわれに対象についての確信を与えるでしょう。

哲学は個別的な科学の綜合ではないということ、哲学がしばしば科学の領域に身を置いていて、時にはもっと単純な見方で科学の対象を把握するとしても、それは科学の強度を高めることによってではなく、科学の成果をもっと高度の一般性へと高めることによってでもないこと、それが事実です。経験には、一方ではほぼくり返され、ほぼ測定され、明確な多数性と空間性の方向で展開されるいくつもの事実が、ほかの事実と並んでいるかたちがあり、他方では、法則と測定を拒否する純粋持続という相互浸透のかたちがあります。もしも経験が異なったこの二つのかたちでわれわれに提示されるのでなければ、哲学と科学という二つの認識の方法は必要がないでしょう。この二つのばあい、経験は意識を意味します。しかし、第一のばあいには、意識は外に向かって開かれ、外にある事物を相互関係のなかで認識するのにまさに比例して、それ自体に対して外在化します。第二のばあいには、意識は自らのなかに戻り、自らをふたたび把握し、深まっていきます。このようにして意識がそれ自体の深さを測ることによって、意識は物質と生命と実在一般の内部にさらに浸透するのでしょうか。もしも意識がひとつの偶然として物質に付け加えられたものであるならば、そうではないと異議を申し立てることもできるかもしれません。しかし私は、このような仮説は、それを受け取る立場によっては、不合理もしくは誤りであり、自己矛盾に陥っているか、事実と矛盾しているということを立証したつもりです。もしも人間の意識が、もっと大きくて、もっと高度の意識と結び付いているにもかかわらず、孤立させられ、また、罰を受けている子どものように、人間が自然の片隅に立ちすくんでいるものであるならば、このような仮説に異議を唱えることもできるでしょう。しかし、そうではないのです。世界を満たしている物質と生命は、われわれのなかにも確かに存在しています。あらゆる事物のなかで働いている力を、われわれは自分たちの内部に感じます。存在するもの、作られるものの内的な本質がどんなものであっても、われわれはそのなかにいるのです。われわれ自身の内側に降りていきましょう。われわれが触れる点が深ければ深いほど、われわれを表面に送り返す力は強くなるでしょう。哲学的直観はこの接触であり、哲学はこの飛躍です。底の方から来る衝動によって外側へ連れ戻されたわれわれは、自分たちの思考が散らばりつつ拡がるにつれて、ふたたび科学と出会うでしょう。したがって、哲学は科学をモデルにして作られなければなりません。そして、いわゆる直観的根源の観念は、分割され、その分割されたものをさらに細分化することによってでは、外で観察された事実と、それらの事実を相互に結び付ける法則とを取り戻すことはできず、何らかの一般化を修正したり、何らかの観察をやり直すこともできないでしょうから、そのような直観的根源の観念は純粋な幻想というほかはないでしょう。そのような観念は、直観とはいかなる共通点も持たないでしょう。しかし他方では、この散乱そのものを正確に事実と法則に適用することに成功した観念は、外側にある経験をまとめることによって得られたものではありませんでした。といいますのは、哲学は単一なものへと到達したのではなく、その単一なものから出発したからです。もちろん、私が語っている単一なものは、制限されていて、相対的であり、たとえば事物の集合のなかからひとつの生命体を切り離す単一なものです。ひとつの哲学が、それ以前の哲学の断片を自らのうちに集めると思われる操作と同じように、哲学が実証科学の成果を自分のものにするように見える作業は、綜合ではなく、分析なのです。

科学は行動を助けるものです。そして行動はひとつの結果を目標にします。したがって、科学的な知性は、望む結果を得るためには何がなされるべきか、あるいはもっと一般的には、ある現象が生ずるためにはどのような条件が必要かを自問します。科学的な知性は、事物の配列から再配列へと、ひとつの同時性から別の同時性へと移行します。必然的に、科学的な知性はそのあいだに生じていることを無視します。あるいは、もしも科学的な知性がそのあいだのことにかかわるとするならば、そこで別の配列、別の同時性を考えるためです。すべてができ上がっているものを把握することになっている方法によっては、科学的知性は、一般的には、作られつつあるもののなかに入って行くことはできませんし、動くものを追いかけることも、事物の生命である生成変化を採り入れることもできないでしょう。事物の生命である生成変化を採り入れるということの仕事は哲学のものです。科学者は、運動を動かないものとして見るほかはなく、反復しないものに沿って反復を集めるほかはないのですが、実在を人間の行動に従属させるために展開されていく連続した面の上で、実在を都合に合わせて分割することにも配慮しています。そういう科学者は、自然に対して策略を用いなければならず、自然に対して疑念と戦いという態度を取らなくてはなりません。これに対して、哲学は自然を仲間として扱います。科学の規則は、支配するために服従するという、ベーコンによって提示されたものです。哲学者は、服従も支配もしません。哲学者は共感を求めます。

この視点から考えますと、哲学の本質は単純さの精神です。われわれが哲学的精神をそれ自体として考察するにせよ、あるいは哲学の仕事において考察するにせよ、哲学を科学と比較し、あるいは、ひとつの哲学をほかのいくつかの哲学と比較するにせよ、哲学の複雑さは表面的なものであり、哲学の構築は補助的なものであり、哲学の綜合は外見であることを、いつもわれわれは発見します。哲学するということは、単純な行為なのです。

われわれがこの真理を自分のものにするにしたがって、われわれは哲学を学校から解放して、生活に近付けたいと思うようになります。おそらく、感覚・知性・言語から成り立つものとしての共通した思考の態度は、哲学の態度よりも科学の態度に近いものです。私が言いたいのは、われわれの思考の一般的なカテゴリーは科学のカテゴリーそのものであり、連続する実在的なものを横切ってわれわれの感覚がたどる広い道は、科学も通る広い道であり、知覚は生まれつつある科学であり、科学は成長した知覚であり、事物に対するわれわれの行動を準備させるはずの普通の認識と科学的認識は、明確さと範囲とに差はあるものの、必然的に同じ種類の見方であるということだけではありません。私が特に言いたいのは、普通の認識は、科学的認識と同じように、また、科学的認識と同じ理由によって、持続のないひとつの瞬間が、持続しないひとつの瞬間のあとに来るような散乱した時間のなかで事物を把握しなければならないということです。普通の認識にとって、運動は位置の連続体《セリー》であり、変化は質の連続体であり、一般的な生成変化は状態の連続体です。普通の認識は不動であることから出発し（あたかも不動であることが、相互に規則正しく適合するとき、ひとつの運動体が別の運動体に対して与える特別な効果と比較できる外見とは別のものであるかのように）、そして不動のものを巧みに配列することによって、運動の模倣を再構成し、さらにこの運動の模倣を運動そのものの代わりにするのです。これは実際には便宜上の操作なのですが、理論的には不合理であり、「形而上学」と「批判哲学」が出会うあらゆる矛盾とあらゆるにせの問題とを含んでいます。

　しかし、まさしくここが常識が哲学に背を向けるところなのですから、哲学的思考の方向に常識を向け直すためには、この点で常識の方向を逆にすれば十分です。おそらく直観にはさまざまな程度の強度が含まれ、哲学にはさまざまな程度の深さがあります。しかし、われわれが実在的な持続へと導いていくような精神は、すでに直観的な生を営んでおり、事物についての精神の認識は、すでに哲学的です。この精神は、無限に分割される時間のなかで相互に置換されるもろもろの瞬間の非連続ではなく、不可分のまま流れていく実在する時間の連続した流動性を認識することになるでしょう。精神は、無関係なひとつの事物を次々にカバーし、現象と実体という神秘的な関係をその事物とのあいだに作る表面的な状態を把握するのではなく、ただひとつの同じ変化を把握するでしょう。その同じ変化は、すべてが生成変化するものではあるものの、その生成変化が実体的であるために支えを必要としないメロディのように、たえず伸びていくものなのです。生命のない状態も、死んだ事物もなくなり、生命の安定性を作る動きだけがあります。実在が連続的で不可分なものとして現われるというこの種の見方は、哲学的直観へと到る道の途中に存在します。

といいますのは、直観に到達するためには、感覚と意識の領域の外に移行する必要はないからです。カントの誤りは、そうする必要があると考えたところにあります。カントは、決定的な論証によって、どのような弁証法的努力も、感覚と意識の領域を超えた世界にわれわれを導くことはできず、有効な形而上学とは、直観の形而上学であるということを立証したあと、その直観がわれわれには欠けていて、したがって直観の形而上学は不可能だと付け加えたのです。事実、もしカントが認めたような、またわれわれがかかわっている時間や変化のほかには、時間や変化がないとすれば、そういうことになるでしょう。それは、われわれの普通の知覚が時間から離脱できず、変化以外のものを把握できないからです。しかし、われわれが自然に位置を占めている時間、普通にその様子を見ている変化は、われわれの感覚と意識が、事物に対する自分たちの行動を容易にするために、粉砕された時間であり、変化なのです。われわれの感覚と意識が作ったものを壊し、われわれの知覚を根源のところへ立ち戻らせましょう。そうすれば、新しい能力に頼る必要なしに、新しい種類の認識が得られるでしょう。

もしもこの認識が一般化されますと、それによって利益を得るのは思索だけではありません。それによって、毎日の生活が再び熱を帯び、明かるいものになることでしょう。感覚と認識が習慣的にわれわれを導いていく世界は、その世界自体の影にすぎないからです。それは死のように冷たいのです。そこでは、すべてがわれわれにとって最も都合よく配列されてはいますが、しかしまたすべてが、たえまなくくり返して始められるように見える、ひとつの現在のなかに存在しているのです。そして、やはり人工的な世界をモデルにして人工的に作られたわれわれ自身は、瞬間において自分を知覚し、過去については廃棄されたものとして語り、記憶内容のなかに異質かあるいは無関係な事象を認め、物質によって精神に与えられる援助を見ているのです。それとは反対に、厚みと弾力のあるひとつの現在のなかに、あるがままのわれわれ自身を把握し直しましょう。その現在は、われわれを自分自身から遮っているスクリーンをもっと遠くに押しやることによって、われわれが膨脹させることができる現在です。現在の瞬間に、表層においてだけではなく、現在を押していて、現在にその飛躍を与える直接的な過去を含んだ深層においても、外側にある世界を、あるがままに捉え直しましょう。ひとことでいいますと、すべてを持続の相の下に見る習慣を身につけましょう。そうすればただちに、活気付いた知覚のなかで、こわばったものがゆるみ、眠っていたものが眼をさまし、死者が生き返ります。われわれを取り囲んでいる亡霊にふたたび生命を吹き込み、われわれ自身を生き返らせることによって、芸術が天性と幸運に恵まれたひとにだけ、しかも遠くからしか与えることのできない満足感を、この意味での哲学はわれわれすべてに、あらゆる瞬間に与えてくれるでしょう。そうすることによって哲学は、実践においても思索においても、科学を補完するものになるでしょう。生活の便宜だけを目的とするその応用によって、科学はわれわれに幸福を、少なくとも楽しみ（plaisir）を約束します。しかし、それだけでも哲学はわれわれに歓び（joie）を与えることができるでしょう。

思考と運動（上）　原注

原注

I　序論（第一部）

（1）シネマトグラフ〔映画初期の映写装置〕がフィルムに並置されている動かない視覚像を、スクリーンにおいて動く状態にして示すとするならば、それはこの映写装置のなかにある運動を、動かない視覚像そのものとして、スクリーンに投影するという条件のもとにおいてである。

（2）このような結果について、またもっと一般的には、真なる判断には過去にさかのぼる価値があるという考え方について、真理の退行運動について、私は一九一三年一月と二月に、コロンビア大学（ニューヨーク）で行なった講演のなかで詳細に述べておいた。ここではいくつかの見解を示すだけにしておく。

（3）この論文は、『道徳と宗教の二源泉』の前に書かれたものである。同書で私は同じような比較を展開させた。

II　序論（第二部）

（1）しかしその数のなかには、この哲学者が認めたと考えている四つの意味は含まれない。私が言っているのは、ハラルド・ヘフディングのことである。

（2）言うまでもないが、その局限において考えられた科学から排除しようとして、つまり科学の発展の方向でのひとつの誤りを避けようとして、私がここで論じている相対性は、アインシュタインの相対性とはいかなる関係もない。アインシュタインの方法は、本質的には、観察者の視点（あるいはもっと厳密には準拠システム）からは独立していて、したがってまた、絶対的な関係の集合を構成するような、事物の数学的表象を求めることにある。それは、哲学者たちが理解している相対性とはまったく反するものである。哲学者たちは、外的世界についてのわれわれの認識を相対性だと考えているからである。《相対性理論》という表現には、それがここで示そうとしていることとは逆のことを、哲学者に示唆するという不都合がある。

　相対性理論に関して付け加えておきたいが、この理論を、私が何冊かの著作で説いた形而上学に反対したり同意したりするために引きあいに出すことはできないだろう。私が説く形而上学の中心は、持続の経験であり、この持続とそれを測るのに用いられる空間との何らかの関係の立証である。物理学者は、ひとつの問題を提起するためには、そのひとが相対性理論を認めるか否かにはかかわりなく、われわれのものであり、またすべてのひとのものであるこの時間のなかで測定をする。その物理学者が問題を解決するとすれば、その解決を立証するのは、その同じ時間、すべてのひとの時間においてである。空間と合体した時間、空間＝時間の第四次元は、問題の設定とその解決とのインターヴァルにおいてしか、つまり、計算のなか、紙の上においてしか存在しない。しかし、相対性理論の考え方は非常に重要である。それは数学的物理学に寄与するからである。しかし、相対性理論における空間＝時間の実在性は数学的なものであり、それを形而上学的実在として、あるいは単に《実在》として考えるためには、この《実在》ということばに新しい意味を与えなければならない。

　実際にわれわれは、ほとんどのばあい、経験において与えられるもの、あるいは与えられることができるものを《実在》と呼ぶ。立証されるもの、あるいは立証されうるものが実在的である。ところが、知覚されえないということが、空間＝時間の本質そのものである。われわれは空間＝時間のなかに位置付けられることも、自らを位置付けることもできないだろう。というのは、われわれが用いる準拠システムは、定義によって、動かすことのできないシステムであり、このシステムのなかでは、空間と時間とが区分されているからであり、また、実際に存在し、実際に測定する物理学者は、このシステムを持っている物理学者だからである。ほかのシステムを用いると考えられる他のすべての物理学者は、前述の物理学者が見るときは、彼によって想像された物理学者にすぎない。私はすでに一冊の著作を書いて、そうしたさまざまな点を論証した。（『持続と同時性』のことである。）

　私はその著作の要点を短い注でまとめることはできない。しかし、その著作はしばしばよく理解されなかったので、理解されない理由を述べた論文の重要な部分を、ここで再録すべきだと私は考える。実際これは、物理学から形而上学へと移行するときに、計算の途中にしか存在せず、計算が終ると、その存在を確認したと主張されたその瞬間になくなってしまうような、空間と時間とが合体したものを、実在として、つまり、知覚されるか、

原注

知覚されうる事物として、計算の前にも存在すると考えるひとたちが、通常は見逃している論点である。

実際、すでに述べたように、相対性理論という仮説については、次のようないくつかの問題をよく見きわめることから始めなくてはならない。つまり、《生きていて、意識のある》観察者が、同時に多くの異なったシステムと結びつくことがなぜ不可能なのか、ひとつのシステム——実際に準拠のために用いられるシステム——が、実在する物理学者を含むのはなぜか、また特に、物理学の解釈にはこれまで哲学がかかわることがなかったのに、実在する物理学者と、実在するものとして表象される物理学者とのあいだの区別が、相対性理論の哲学的解釈においては、非常に重要なのはなぜか、といった問題である。しかしその理由はきわめて簡単なものである。

たとえば、ニュートン物理学の立場では、絶対静止と絶対運動という、絶対的な特権のある準拠システムがある。そのばあい、宇宙はあらゆる瞬間において、物質的な点によって構成されることになる。それらの点には、静止しているものと、完全に決定された運動をしつつ動いているものとがある。したがってこの宇宙は、それ自体において、空間と時間とのなかで、物理学者が位置する視点には依存しないひとつの具体的なかたちを持つことになる。すべての物理学者は、自分が属している運動システムにおいて、思考によって、特権的な準拠システムと結びつき、絶対のなかで宇宙を見るときに見出されるようなかたちを、宇宙に与えることになる。したがって、もしもすぐれた物理学者が特権的なシステムに住んでいるとしても、この物理学者と他の物理学者たちとのあいだに根本的な違いはない。他の物理学者たちも、この物理学者と同じところに位置しているかのように行動するからである。

しかし、相対性理論では、もはや特権的なシステムは存在しない。すべてのシステムが同じ価値を持っている。どのシステムも準拠システムになることができ、それが静止したものになる。この準拠システムとの相対的な関係で、宇宙のすべての物質的な点は、静止したものと、決定された運動をする動いているものとに分けられる。しかしそれは、このシステムに対する相対的な関係においてのみであろう。別のシステムを採るならば、静止していたものが動き始め、運動していたものが静止するか、速度を変える。そうすると、宇宙の具体的なかたちは、極度に変化することになろう。しかし、あなた方の眼にとっては、宇宙が二つのかたちを同時に持つことは不可能である。同じ物質的な点が、静止したものであると同時に動くものとして、想像されたり、思考されたりすることはありえない。したがって、選択が必要になる。ひとつは、あなたが一定のかたちを選んだ瞬間に、宇宙がこのかたちを得ている準拠システムに帰属していた物理学者を、生きていて意識があり、本当に知覚している物理学者とするという選択である。もうひとつは、このようにして選択されたかたちの宇宙に現われる他の物理学者たちが、実在する物理学者によって、物理学者だと単に思われているにすぎないような、潜在的な物理学者であるとする選択である。もしもあなたが、それらの物理学者たち（物理学者である限りにおいて）のひとりに、ひとつの実在性を与え、そのひとが知覚し、行動し、測定していると想定するならば、その物理学者のシステムは、もはや潜在的ではなく、実在的になりうるものと考えられたものではなくなって、確かに実在する準拠システムである。したがってそれは静止しており、あなたは世界のひとつの新しいかたちにかかわっているのである。そして、いま言及した実在する物理学者は、もはやひとりの表象された物理学者にすぎない。

ランジュヴァン氏は、相対性理論の本質そのものを、次のような決定的なことばで示している。《相対性原理は、限定されたかたちでも、もっと一般的なかたちでも、根本的には、準拠システムとは無関係なひとつの実在の存在を認めることにほかならない。この準拠システムは、相互に運動していて、そのシステムをもとにわれわれは変化していくパースペクティヴを観察するものである。この宇宙にはいくつかの法則があって、座標軸をそれらの法則に対して用いることによって、準拠システムとは無関係な分析的なかたちを、この宇宙に与えることができる。ただし、それぞれのできごとの個体的な座標軸は、この準拠システムに依存している。しかしそれは、幾何学が空間について行なっていることと同じであって、不変の要素を導入し、適切な言語を作ることによって、内在的なやり方で表現できるものである。換言すると、相対性理論で考えられている宇宙は、ニュートンが考えた宇宙、ひとびとの常識が考える宇宙と同じように実在的であり、それと同じようにわれわれの精神とは無関係であり、同じように絶対に存在するものである。ただし、常識とニュートンにとっての宇宙は、物の集合であるが（たとえ物理学がそれらの物のあいだの関係の研究に限定されるとしても）、アインシュタインのいう宇宙は、関係の集合にほかならない。ここで実在を構成するものとして考えられている不変の要素は、もはやどの時間・空間も表象していない、望むがままのパラメーターが入っている表現である。というのは、科学の眼にとって存在するのは、物のあいだの関係であり、物が存在せず、宇宙にかたちがなければ、もはや時間も空間もないからである。物をふたたび確立するためには、したがってまた、時間と空間とをふたたび確立するためには（空間と時間の特定の点において、特定の知覚された物理的なできごとについて情報を得ようとするたびごとに、かならずしていることだが）、世界にひとつのかたちを再構成しなければならない。しかしそれは、われわれがひとつの視点を選んだということ、ひとつの準拠システムを用いたということになるだろう。われわれが選んだシステムが、選んだということによって中心的なシステムになる。相対性理論の本質は、まったく任意に選択された視点からわれわれが発見する世界の数学的表現が、この理論が提示する規則に従う限り、他のどんな視点からでも見出される表現と同じであると保証することにある。この数学的表現しか認めないことになると、時間も、他のすべても存在しなくなる。時間を回復させれば物も回復する。しかしそのときあなたは、ひとつの準拠システムと、そのシステムに結び付く物理学者とを選んだことになる。ほかの準拠システムと物理学者を選べたかもしれないが、さしあたってはこの選択しかありえない。

（3）　したがって、最新の物理学によって、物理的事実を構成する要素的なできごとの不確定性を設定するばあいでさえも、やはり物理的確定性について語ることができるし、語らなければならない。というのは、この物理的事実は、曲げることのできない確定性に従うものとしてわれわれが知覚するものであり、またそれによって、われわれが自由であると感じるときに行なう行動とは根本的に区別されるからである。そこで、以前に私が示唆したように、われわれの知覚が、要素的できごとの凝縮のある特定の段階で止まってしまうのは、まさに物質をこの確定性のなかに流し込むためではないのか、われわれのまわりの現象のなかから、それらの現象に働きかけることができるように、継起するものの規則性を得るためではないのかと問うことができるだろう。もっと一般的には、生命体の活動は、事物の持続を凝縮することによって、事物を支えるのに役立つ必然性にもたれかかり、それに合わせるものであろう。

(4) さまざまな問題が消えてしまうような魂の状態を考えることを私は勧めるが、それは空虚と直面するためにわれわれに目まいを起こさせるような問題についてのみである。いかなる問題も提起しない存在のほとんど動物的な状況と、人間の無力のために、人工的な問題を提起したい誘惑を知らない精神のなかば神的な状態とは、まったく別のものである。特権的なこの思考にとって、問題はいつも現われそうにはなるが、直観が惹起する知性の反対の部分にあるものによって、その問題の真に知性的なところで止まってしまう。錯覚は分析されず、消去されない。というのは、錯覚は自らを示さないからである。しかし、錯覚が自らを示せば、それは分析され、消去されるだろう。そして、知性の領域にあるこの対立の二つの可能性は、知性的にはなくなって、実在的なものの直観だけがそれに代わるだろう。私が言及した二つのばあいに、知性的な錯覚に対立する知性的なものを支えるのは、無秩序と無との観念の分析である。

(5) Essai sur les données immédiates de la conscience, Paris, 1899, p. 156.

(6) Matière et mémoire, Paris, 1896, 特に pp. 221-228. 第四章の全部、特に p. 233. を参照されたい。

(7) La perception du changement, Oxford, 1911.（本書に収められた講演「変化の知覚」）

(8) この問題については、Bachelard, Noumène et microphysique, pp. 55-65. (Recherche philosophiques, Paris, 1931-1932.) を見よ。

(9) ホワイトヘッドのこの考え方、また私の考え方との関係については、J.Wahl, La philosophie spéculative de Whitehead, pp. 145-155. (Vers le concret, Paris, 1932.) を見よ。

(10) Matière et mèmoire. 第七版序文。p. II.

(11) リズムが、本当に書かれた文の大意を素描し、語の研究が色彩とニュアンスとを示す以前に、作家の思想との直接のコミュニケーションを与えるという事実については、私はかつて、特に一九一二年の講演「魂と身体」

(『精神のエネルギー』p. 41.) で説明した。しかしそれは、その前にコレージュ・ド・フランスで行なった講義の要約にすぎない。その講義において私は、例として『方法叙説』の一ページか二ページを取り上げた。そして私は、それぞれ決まった方向でなされる思考の往復運動が、特に声を出して正確に読むことによって表わされる。句読点が示すリズムの効果だけで、どのようにしてデカルトの精神からわれわれの精神へと移行するのかを示そうと試みた。

(12) この論文は一九二二年に書き終った。私はそれに現在の物理学の理論に関連する数ページを付け加えただけである。その当時の私は、最近の著作『道徳と宗教の二源泉』(一九三二年) で示したような結論を完全に自分のものにしてはいなかった。このことが、この論文の最後の数行を説明するだろう。

Ⅲ 可能的なものと実在的なもの

(1) この論文は、一九二〇年九月二〇日、オクスフォードでの「哲学会」の冒頭にお話しした見解を展開したものである。私はノーベル賞を受賞したとき、慣例に従ってストックホルムで講演をするべきであったが、それができず残念に思っている。この論文をスウェーデンの雑誌『ノルディスク・ティドスクリスト』に載せることによって、その埋め合わせをしたい。この論文は、いままでのところスウェーデン語以外では発表されなかった。

(2) 実際に私は、『意識に直接与えられたものについての試論』(Paris, 1889, p. 82.) において、計測できる時間は《空間の第四次元》と考えられうることを示した。当然のことであるが、問題とされたのは純粋な空間であり、相対性理論での空間と時間の合成ではない。それはまったく別のものである。

(3) また、ばあいによっては、障害がそれを克服した創造的な行動のせいで克服可能になったのではないかどうかを問うべきである。それ自体は予見できないものであるその行動が《克服可能性》を作り出すことになるだろう。この行動の前には、障害は克服不可能であり、そしてこの行動がなければ、障害は克服不可能のままであったであろう。

<訳者略歴>

宇波　彰（うなみ・あきら）

1933年　静岡県浜松市に生まれる。
1962年　東京大学大学院修士課程修了（哲学専攻）。
現　在　明治学院大学文学部教授。評論家。フランス現代思想，文学の翻訳・紹介を中心に幅広い領域にわたる評論家として活躍。
著　書　「引用の想像力」（冬樹社），「批評する機械」（ナツメ社），「批評のパトロジー」（青土社），「メドゥーサの眼」（青土社），「同時代の建築」（青土社），「誘惑するオブジェ」（紀伊國屋書店），「反市民の文学」（白地社），「記号論の思想」（講談社），「デザインのエートス」（大村書店）
訳　書　ジル・ドゥルーズ「ベルクソンの哲学」「プルーストとシーニュ」，エドガール・モラン「プロデメの変貌」「時代精神」Ⅰ.Ⅱ，ジャン・ボードリヤール「物の体系」，ジャック・ドンズロ「家族に介入する社会」，ベルクソン「精神のエネルギー」ほか多数。

思考《しこう》と運動《うんどう》（上）　　レグルス文庫 233

2000年 9 月15日　初版第 1 刷発行

著　者　H. ベルクソン
訳　者　宇波《うなみ》　彰《あきら》
発行者　松岡佑吉
発行所　株式会社　第三文明社
東京都新宿区本塩町11—1　郵便番号　160-0003
電話番号　03(5269)7145（営業）
03(5269)7154（編集）
URL　http://www.daisanbunmei.co.jp
振替口座　00150-3-117823
印刷所　明和印刷株式会社

落丁・乱丁本はお取り替え致します。　ISBN 4-476-01233-7
2000 Printed in Japan

REGULUS LIBRARY

レグルス文庫について

レグルス文庫〈Regulus Library〉は、星の名前にちなんでいる。厳しい冬も終わりを告げ、春が訪れると、力づよい足どりで東の空を駆けのぼるような形で、獅子座〈Leo〉があらわれる。その中でひときわ明るく輝くのが、このα星のレグルスである。レグルスは、アラビア名で〝小さな王さま〟を意味する。一等星の少ない春の空、たったひとつ黄道上に位置する星である。決して深い理由があって、レグルス文庫と名づけたわけではない。ただ、この文庫に収蔵される一冊一冊の本が、人間精神に豊潤な英知を回復するための〝希望の星〟であってほしいという願いからである。

都会の夜空は、スモッグのために星もほとんど見ることができない。それは、現代文明に、希望の冴えた光が失われつつあることを象徴的に物語っているかのようだ。誤りなき航路を見定めるためには、現代人は星の光を見失ってはならない。だが、それは決して遠きかなたにあるのではない。人類の運命の星は、一人ひとりの心の中にあると信じたい。心の中のスモッグをとり払うことから、私達の作業は始められなければならない。

現代は、幾多の識者によって未曾有の転換期であることが指摘されている。しかし、その表現さえ、空虚な響きをもつ昨今である。むしろ、人類の生か死かを分かつ絶壁の上にあるといった切実感が、人々の心を支配している。この冷厳な現実には目を閉ざすべきではない。まず足元をしっかりと見定めよう。眼下にはニヒリズムの深淵が口をあけ、上には権力の壁が迫り、あたりが欲望の霧につつまれ目をおおうとも、正気をとり戻して、たしかな第一歩を踏み出さなくてはならない。レグルス文庫を世に問うゆえんもここにある。

一九七一年五月　　**第三文明社**

レグルス文庫／既刊

ラーマーヤナ(上)(下)	河田清史
女性といきがい	柏原ヤス編
女性抄	池田大作
随筆三国志	花田清輝
個性について	澤瀉久敬
現代小説作法	大岡昇平
読書と思索	田中美知太郎
小林秀雄と中原中也	秋山　駿
大智度論の物語(一)(二)	三枝充悳
仏教とキリスト教	堀　堅士
生命哲学入門	川田洋一
法華経現代語訳(上)(中)(下)	三枝充悳
トインビーの宗教観	山本新編
敦煌	長澤和俊
インドの思想	湯田　豊
仏法と医学	川田洋一
青春と女性	中村光夫
インド仏教思想史	三枝充悳
私の釈尊観	池田大作
釈尊の問いかけ	石川佾男
日本仏教における仏	由木義文
マルクスの哲学と宗教	竹内良知
女性―その自立	青木やよひ／安藤陽子 池上千寿子／渡部通子
仏教史入門	塚本啓祥
健康を考える　その他	澤瀉久敬
唯識思想入門	横山紘一
トインビーの歴史観	山本新編
科学・哲学・信仰	村上陽一郎
大乗仏教の思想	上田義文
信仰について	松島　淑

レグルス文庫／既刊

家と世界(上)(下)	R・タゴール 大西正幸訳
仏教医学物語(上)(下)	川田洋一
愛と性の心理	高山直子
文章入門(上)(下)	野間宏
エジプトの死者の書	石上玄一郎
告白的女性論	北原武夫
ガンダーラへの道	樋口隆康
フロイトとユング	小此木啓吾 河合隼雄
日本人の悲劇	金子光晴
源氏物語の女性たち	相馬大
高群逸枝	西川祐子
地中海幻想の旅から	辻邦生
ルオー	高田博厚 森有正
小泉八雲の日本	池田雅之
詩集 草の葉	W・ホイットマン 富田砕花訳
西洋作家論	小林秀雄
彷徨えるユダヤ人	石上玄一郎
若き日の読書	池田大作
ルソー	林達夫
スカラムーシュ	R・サバチニ 加島祥造訳
「自分で考える」ということ	澤瀉久敬
バクトリア王国の興亡	前田耕作
精神のエネルギー	ベルクソン 宇波彰訳
内なる世界—インドと日本	カラン・シン 池田大作
中原中也詩集	吉田凞生編
一念三千とは何か	菅野博史
深層心理の世界	織田尚生
トルストイの生涯	藤沼貴
法華経の七つの譬喩	菅野博史
牧口常三郎と新渡戸稲造	石上玄一郎

レグルス文庫／既刊

ギタンジャリ	R・タゴール 森本 達雄訳
地球環境と仏教思想	川田洋一
初期仏教の思想(上)(中)(下)	三枝充悳
法華玄義(上)(中)(下)	菅野博史訳註
創価教育学入門	熊谷一乗
鎌倉仏教	佐藤弘夫
ガンディーとタゴール	森本達雄
自我と無意識	C・G・ユング 松代・渡辺訳
脳死問題と仏教思想	川田洋一
人間の宗教	R・タゴール 森本 達雄訳
仏教と精神分析	三枝 充悳 岸田 秀
創価教育学大系概論	牧口常三郎 古川敦注解説
戸田城聖伝	西野辰吉
大乗仏教入門	平川 彰
聖と俗のインド	山折哲雄
外国文学の愉しみ	辻 邦生
生命論 パラダイムの時代	日本総合研究所編
ヒューマニズムとは何か	石上 豊
人間ブッダ	田上太秀

全集・単行本／既刊

F・X・チャレット 渡辺学他訳
ユングとスピリチュアリズム 四七〇〇円

渡辺 学
ユング心理学と宗教 二二三三円

織田尚生
王権の心理学 二五二四円

岡部金治郎
死後の世界 一一六五円

川田洋一編
生命の深淵をさぐる 一二六二円

高山直子
物・心・生命との出会い 一四〇〇円

K・クリパラーニ 森本達雄訳
タゴールの生涯（全） 二五〇五円

三枝充悳
随想 仏教と世間と 二二〇〇円

三枝充悳
法華経現代語訳 一九〇三円

松山俊太郎
蓮と法華経 一八〇〇円

宮田幸一
牧口常三郎の宗教運動 一七四八円

宮田幸一
牧口常三郎はカントを超えたか 一八〇〇円

中島 誠
丸山眞男と日本の宗教 一八〇〇円

南山大学宗教文化研究所編
カトリックと創価学会 二一三六円

（価格は本体価格）